VICOMTE PONSON DU TERRAIL

LE TROMPETTE

DE LA BÉRÉSINA

LA MARE AUX FANTOMES

DEUXIÈME ÉDITION

PARIS
ACHILLE FAURE, LIBRAIRE-ÉDITEUR
23, BOULEVARD SAINT-MARTIN, 23

1866
Tous droits réservés

LE TROMPETTE

DE LA BÉRÉSINA

LA MARE AUX FANTOMES

PARIS. — IMPRIMERIE POUPART-DAVYL ET COMP., RUE DU BAC, 30.

VICOMTE PONSON DU TERRAIL

LE TROMPETTE

DE LA BÉRÉSINA

PARIS

ACHILLE FAURE, LIBRAIRE-ÉDITEUR

23, BOULEVARD SAINT-MARTIN, 23

1866

Tous droits réservés

A MADAME AUGUSTINE BROHAN

Madame et chère Amie,

Permettez-moi d'offrir ce livre à la femme d'esprit, à lla grande comédienne et à l'amie sincère et toujours dévouée.

Votre affectueux,

Ponson du Terrail.

LE TROMPETTE

DE LA BÉRÉSINA

I

Nous sommes en pleine épopée.

La France impériale a relevé l'étendard de la vieille Rome, et cet étendard flotte majestueux sur le monde.

Au soleil flamboyant de juin étincellent les casques des dragons et brillent les panaches rouges des lanciers.

Voyez ce flot de poussière au travers duquel jaillissent mille étincelles! c'est un régiment de grenadiers qui s'avance, tambours et musique en tête.

Au matin, quand les premières clartés de l'aube ont

blanchi les collines, les hussards au dolman noir ont passé.

Puis sont venus les dragons, puis les chasseurs et encore les cuirassiers.

Maintenant, c'est la phalange macédonienne du moderne Alexandre : les grenadiers de la garde impériale.

Et cavaliers et fantassins, au bruit des fanfares, au cri enthousiaste de : Vive la France et l'empereur ! traversent la terre généreuse et fière où ruisselle le vin sans pareil, c'est-à-dire la vieille Bourgogne, le pays des grands capitaines, le sol batailleur entre tous après celui de l'antique Neustrie.

L'âme de Charles le Téméraire a-t-elle passé dans un souffle de vent au-dessus de ces campagnes où la vigne mûrit, où les moissons jaunissent?

On le dirait, à voir le laboureur quitter sa charrue, l'enfant et le vieillard accourir au seuil des chaumières, les femmes venir saluer les enfants de la France qui vont saluer à coups de canon les coupole dorées du Kremlin.

Au cliquetis des baïonnettes, au choc des sabres se heurtant à l'étrier, aux fanfares éclatantes retentissant au plus profond des bois et des plaines, le silence a bientôt succédé.

Bellone est loin déjà avec sa bruyante cohorte, et Cérès, la nourrice féconde, reprend tous ses droits.

Car nous sommes à la fin de juin: le moissonneur remonte sa faux, les bourgeons de la vigne ont fait place au fruit vert, et les prairies préparent leur regain. L'Yonne coule majestueuse et calme entre deux rives bordées de peupliers.

Après les peupliers, les prés verts; au delà, le coteau vineux; au-dessus la forêt ombreuse, et par-delà les grands chênes, la terre fertile du laboureur.

La ferme de Crisenon est la plus belle de tout l'Auxerrois. Elle n'a sa pareille en étendue et en fécondité ni à Mailly-le-Châtel, ni à Mailly-la-Ville, ces deux seigneuries de Sully, le sage ami d'Henri IV, ni à Coulanges-la-Vineuse, ni à Cravant-le-Fort, où les Bourguignons, sous les ordres de Chastellux, le connétable, écrasèrent les Anglais.

Crisenon était un couvent de moines au temps jadis.

Crisenon, aujourd'hui, est une ferme plantureuse avec mille têtes de bétail à l'étable, huit charrues dans l'écurie, trois cents hectares à l'entour.

Le fermier de Crisenon est un vieux soldat.

Il a servi aux gardes-françaises, puis dans les armées de la République.

La perte d'un bras, laissé sur le champ de bataille de Marengo, l'a renvoyé à la charrue, mais il est resté soldat dans le fond de l'âme, et, ce jour-là, quand il a vu passer ses anciens compagnons d'armes, lorsqu'il a entendu trompettes et clairons, il a quitté des premiers les travaux des champs.

Pendant tout le jour, François le Manchot, ainsi le nomme-t-on, s'est tenu au seuil de sa porte, versant et faisant verser à boire aux soldats qui passaient.

Il a vidé un tonneau tout entier, et il ne s'est pas abstenu de trinquer.

Aussi, maintenant que le soir est venu, que les gens de la ferme sont réunis dans la grande salle basse, autour de la table du souper, François le Manchot est-il un peu ému, un peu plus gai que de coutume, au grand scandale de la mère Marianne, une sainte femme qui a passé sa vie à travailler ou à prier.

Ils sont bien douze ou quinze, les gens de la ferme, en outre de François le Manchot, qui est le maître, de sa femme Marianne et de leur fille Myonnette.

Il y a là Mathurin le laboureur, Simon le pâtre, Manette la gardeuse d'oies, le père Aubin, qui taille les vignes, et Christophe, Armand et Lauget, qui sont valets de charrue.

— Mes gars, dit le fermier en levant son verre, je bois aux armées françaises, et, si vous n'êtes pas tous un tas de feignants, vous irez vous enrôler à Auxerre pour faire comme les autres.

— Mon pauvre homme, dit la Marianne avec douceur, vous n'êtes pas tout à fait dans votre bon sens, ce soir.

— Et pourquoi donc ça, femme? demanda le fermier.

— Mais, dame! notre oncle et maître, dit la jolie Suzanne, qui était en effet la nièce du fermier, la tante a raison. Si vos gars s'en vont à l'armée, qui donc labourera à Crisenon?

— Ça, c'est vrai, dit le fermier.

Puis il ajouta en clignant de l'œil et d'un ton malin :

— Après ça, il nous restera bien toujours Anselme le Galoubet.

A ce nom, que le fermier prononça avec ironie, tout le monde se mit à rire, à l'exception toutefois de la Myonnette, dont les joues de vingt et un ans s'empourprèrent.

— Mais où est-il donc, le Galoubet? demanda-t-on à la ronde.

— Oh! répliqua Suzanne, je le sais bien, moi, mais je ne le dirai pas.

— Et pourquoi donc? fit le fermier.

— Parce que vous vous gausseriez de lui, notre oncle et maître, répondit la Suzanne.

— Ah! le poltron! ah! le lâche! le feignant! jura François le Manchot.

La mère Marianne, la fermière, ne souffla mot; la Myonnette continua à rougir; mais Suzanne, qui était une belle et vaillante fille de vingt-trois à vingt-quatre ans, et qui n'avait pas froid aux yeux, comme on disait, Suzanne prit hardiment la défense de celui dont le nom excitait une hilarité pleine de mépris.

— Hé! dit-elle, pourquoi donc, notre oncle et maître, dites-vous que le Galoubet est un lâche? Parce qu'il a peur d'être tombé au sort et qu'il ne veut pas aller à la guerre? Mais, dame! c'est assez dur, je pense, de quitter son pays, ses amis, ses attachements, pour s'en aller où le bon Dieu vous mène, on ne sait où!

— Il est poltron, dit maître François.

— Il n'était pas si poltron que vous le dites, mon oncle, reprit la Suzanne, le jour où le presbytère du village de Pré-Gilbert a brûlé.

— Ça, c'est vrai, dit la Marianne; il s'est conduit comme un brave enfant, et peut-être bien que sans lui la nièce du curé aurait brûlé.

— Et, hasarda Mathurin, le valet de charrue, quand l'Yonne a débordé au-dessous de Bazarne et que le moulin à Jean Berdin a manqué être emporté, est-ce qu'Anselme le Galoubet n'était pas là?

— Et une nuit que vous reveniez avec lui, notre oncle, reprit la Suzanne, qui n'était pas un mince avocat, vous en souvient-il?

— De quoi! de quoi! fit le Manchot.

— Vous avez été le brave des braves, c'est connu, continua la Suzanne; mais vous n'avez plus qu'un bras, et il en faut deux pour se défendre. Donc, vous vous en reveniez de la foire de Courson, où vous aviez vendu des moutons, et vous aviez douze cents francs dans un sac de cuir à votre ceinture. Anselme le Galoubet vous accompagnait. Vous fûtes attaqués entre Vincelles et Bazarne par trois mauvais gars, et si Anselme ne s'était pas bien conduit, vous ne seriez pas revenu avec vos douze cents francs.

Le fermier avala coup sur coup deux verres de vin; puis, comme il était entêté comme le sont tous les paysans, il haussa les épaules et dit :

— C'est égal! si je cherche jamais un mari pour la Myonnette, ma fille, c'est pas lui que je choisirai.

A ces mots, de rouge qu'elle était, la Myonnette devint pâle et tremblante, la Marianne leva tristement les yeux au ciel, et Suzanne, la fille au franc parler, n'osa rien répondre.

Les gens de la ferme se turent également.

Alors le fermier, qui prit ce silence pour une approbation de ses paroles, continua :

— Non, là, voyez-vous, les enfants, je suis un vieux de la vieille, moi, et je veux que ma fille épouse un homme comme moi.

— Faut-il qu'il soit manchot? demanda la rieuse jeune fille qui répondait au nom de Suzanne.

— Cela m'est égal, répondit le fermier. Il aurait même une jambe de moins...

— Faut savoir s'il conviendrait à la Myonnette, dit le Mathurin, qui était un solide gaillard, planté comme un chêne et solide à l'avenant.

— Tenez, poursuivit le fermier, qui suivait son raisonnement avec la logique obstinée des ivrognes, un homme qui m'aurait bien convenu pour la Myonnette, c'est Marcelin, le fils de l'ancien intendant de Bertraut. En voilà un qui n'a pas eu peur de s'enrôler et qui est peut-être bien officier à cette heure.

A ce nom de Marcelin, que le fermier prononçait avec une certaine complaisance, la Marianne eut un geste d'impatience et jeta un regard de compassion sur sa fille.

— Ah! dit-elle, not'maître, vous êtes bien trop méchant, en vérité, de toujours parler de ce vilain gars de Marcelin ; vous savez pourtant bien que la Myonnette n'a jamais voulu en entendre parler.

Il faut croire que la Marianne avait sur son homme une certaine autorité, car il se contenta de grommeler quelques mots sans suite et se remit à boire.

Un des garçons de charrue prit la parole à son tour :

— Moi, dit-il, aussi vrai que je me nomme Amand Juilly, et que mon père est le plus honnête homme de Pré-Gilbert, je suis tout à fait de l'avis de maîtresse Marianne. Marcelin était un mauvais garçon, et il n'aurait pas rendu la Myonnette heureuse.

— Avec ça qu'il est si brave ! dit la Suzanne. Ah ! bien ! s'il s'est fait soldat, c'est que le métier rapporte de l'argent, bien sûr, car il était joliment poltron dans les fêtes et les assemblées. Il cherchait bien querelle à tout le monde, mais quand on lui répondait, il se sauvait.

— Ce n'est jamais moi qui croirai, dit Siméon le pâtre, que ce gringalet de Marcelin est devenu ou peut devenir officier.

— Et pourquoi donc ça? demanda le fermier qui voulut reprendre le dé de la conversation.

— Parce que, bien sûr, les jours de bataille, répondit la Suzanne, il aura fait comme il fit ici, voilà trois ans, quand les gars de Vincelles et ceux de Vermenton se battirent. Il s'alla cacher.

— Vous êtes tous de mauvaises langues, dit le fermier, et vous en voulez à Marcelin.

— Oh! moi, dit la Marianne, je serais morte plutôt que de lui donner ma fille.

— Pardi! ricana François le Manchot, tu préférerais le Galoubet, peut-être...

A ce nom, la Myonnette rougit de nouveau; mais la Marianne se hâta d'ajouter :

— Et pourquoi donc pas, après tout? Le Galoubet n'est-il pas un brave garçon et un bon paysan toujours à la besogne le premier?...

— Faut savoir si son numéro ne sera pas mauvais, dit le fermier. Il y a des numéros qu'on croit bons le jour du tirage, et puis la révision arrive et le numéro devient mauvais.

La Suzanne haussa imperceptiblement les épaules :

— Ah! notre oncle et maître, dit-elle, vous avez l'air de vous réjouir de cette mauvaise chance, mais vous êtes foncièrement bon, et si le Galoubet avait le malheur de partir, vous en seriez tout aussi marri que nous tous.

— Mais où est-il donc? demanda encore une fois le fermier. Pourquoi ne vient-il pas souper?

— Il a mal de tête, il n'a pas faim.

— Où est-il?

— Est-ce que vous lui voulez parler? dit la Suzanne.

— Oui, répondit le fermier que le vin rendait plus entêté que de coutume.

— Eh bien ! je vais vous l'aller chercher.

Et la Suzanne fit un signe mystérieux à la Myonnette et à sa mère, et sortit.

C'était une belle fille de vingt-trois ou vingt-quatre ans, la Suzanne.

Elle était la nièce de François le Manchot, qui l'avait élevée, car elle était orpheline. Brune, vigoureuse, la taille un peu épaisse, l'œil noir et les lèvres rouges, elle ressemblait aux moissonneuses des Marais-Pontins qu'a peintes Léopold Robert. Et rieuse avec ça, et toujours la première à la danse du dimanche, comme elle l'était, dans la semaine, aux travaux des champs.

Quand on les voyait ensemble, la Myonnette et elle, on songeait à l'accouplement d'une pivoine rouge et d'un beau lis; car la Myonnette était blonde, mince, pâle et délicate comme ces fleurs d'un bleu cendré qui croissent au bord de l'eau, à l'ombre des peupliers.

— Ah ! murmurait Suzanne en traversant la cour de la ferme et gagnant le potager, ce pauvre Galoubet doit avoir les oreilles qui lui tintent joliment. Jamais notre oncle et maître n'avait tant parlé de lui. Faudra voir un peu !

Au bout du potager, elle prit un petit sentier qui courait dans la prairie et descendait vers l'Yonne.

Mais, avant d'atteindre la rivière, de l'autre côté de laquelle les toits ardoisés du vieux château de Sainte-Paillaye brillaient au clair de lune, elle se jeta brusquement à gauche et entra dans un champ d'avoine récemment moissonné.

La récolte n'avait point été engrangée, mais dressée en meules de distance en distance.

Suzanne se dirigea vers une de ces meules, et, lorsqu'elle ne fut plus qu'à vingt pas, elle se mit à chanter :

> Dans tous les pays de couvert,
> Tonton, tontaine...
> On fête le grand saint Hubert,
> Duc d'Aquitaine...

A ces paroles, chantées sur un air de chasse, les gerbes de la meule s'agitèrent, et une tête se montra.

Une tête effarée, craintive, mais jeune et franche, éclairée par deux grands yeux noirs et enluminée d'une bonne couleur rougeaude qui annonçait la force et la santé.

— Est-ce toi, Suzanne ?

— Oui, Anselme, répondit Suzanne.

— Tu viens me chercher ?

— Oui.

— Ils sont donc partis, les soldats ?

— Jusqu'au dernier.

— Ah ! fit le Galoubet, avec un soupir de soulagement.

Et il sortit de la meule et vint au-devant de Suzanne.

— C'est égal, dit-il en l'embrassant comme un frère, j'ai eu bien peur, va !

— Mais, mon pauvre Galoubet, dit Suzanne, ce n'est pas les soldats qui passent qui t'auraient emmené.

— C'est égal, dit le paysan, j'aime autant qu'ils ne m'aient pas vu.

— Tu as donc bien peur d'aller à la guerre ?

— Oh! j'en tremble...

Et le Galoubet, qui prononça ces trois mots avec une frayeur comique, ajouta :

— Si je savais où me cacher dans les bois, je quitterais la ferme.

— Non, tu ne la quitterais pas, dit Suzanne en souriant :

Le Galoubet tressaillit :

— Pourquoi donc dis-tu ça ? fit-il.

— Mais parce que je sais que tu aimes la Myonnette...

— Tais-toi, Suzanne !

— Que la Myonnette t'aime...

— Suzanne, au nom du ciel ! !

— Que vous avez agi comme deux enfants, et qu'il faudra bien réparer le mal qui est fait.

— Ah ! Suzanne... Suzanne, murmura Anselme le Galoubet avec effroi, tu sais donc tout cela ?

— Est-ce que je ne suis pas la cousine et quasiment la sœur de Myonnette ?

— C'est juste.

— Dame, il faudra bien, un jour ou l'autre, qu'on dise la chose à mon oncle.

— Ah ! tais-toi ! balbutia le Galoubet avec un redoublement d'effroi.

— Bah ! il est criard, notre oncle, mais il n'est pas mauvais.

— Il serait capable de tuer sa fille.

— Il l'aime trop pour ça. Va donc, n'aie pas peur...

— Mais tu me réponds bien que les soldats sont partis ?

— Sans doute... Allons ! viens souper... et ne me

tourmente pas, mon garçon, car j'ai bien des choses dans l'idée.

— Ah ! fit le Galoubet.

— D'abord, je crois bien que ton numéro sera bon...

— Ah ! c'est qu'il faut tant de soldats au jour d'aujourd'hui...

— Ensuite, j'ai idée aussi que tu épouseras la Myonnette dans deux mois.

Le Galoubet secoua la tête :

— Ah ! le maître ne voudra pas, dit-il.

— Bah ! bah ! Suzanne, il faudra bien qu'il le veuille ! quand le vin est tiré, faut le boire.

Elle prit le Galoubet par le bras et l'entraîna vers la ferme.

Mais tout à coup celui-ci s'arrêta brusquement :

— Entends-tu ? dit-il.

— Quoi donc ? fit Suzanne.

— Un bruit lointain... là-bas...

— Je n'entends rien.

— On dirait un escadron en marche.

— Mais, dit Suzanne, c'est le moulin de Bazarne qui tourne.

— Il me semble que je vois des soldats partout ! murmura le Galoubet.

Et il entra dans la ferme avec Suzanne.

François le Manchot était aux trois quarts gris; mais il avait l'ivresse joyeuse.

— Allons, les enfants ? disait-il, allons !... Faut danser un brin... C'est demain dimanche... Nos foins sont rentrés... Mais où est donc le Galoubet?

— Le voilà, dit Suzanne.

Et elle poussa le pauvre Anselme au milieu de la salle basse.

— Mais d'où donc que tu viens, fieu? dit le fermier. Je te croyais parti à la guerre!...

— Ne vous gaussez donc pas de moi, notre maître, dit le Galoubet; vous savez bien que je ne veux pas être soldat.

— Tu le seras, dit le fermier.

— Oui, si son numéro est mauvais, dit Suzanne.

— Il sera mauvais! ricana le fermier.

— Il sera bon! répliqua Suzanne.

— Comme le bon Dieu voudra! reprit François le Manchot; mais ça n'empêche pas de danser un brin. Allons, Anselme, où est-il ton instrument?

Le Galoubet, comme on le devine, était un sobriquet, et ce sobriquet venait de la deuxième profession d'Anselme.

Le jeune paysan était laboureur pendant la semaine, et ménétrier le dimanche.

Il s'en allait, les jours de fête, courir de *vogue* en *vogue* et d'*assemblées* en *assemblées* pour y faire danser au son du fifre et du tambourin.

Anselme avait si grande envie de plaire au fermier François le Manchot, dont il aimait la fille, qu'il ne se fit point prier.

Il décrocha son tambourin qui pendait au mur de la salle basse, près du vaissellier en bois de poirier, porta son fifre à ses lèvres et se mit à jouer une contredanse.

Ce fut le signal.

François le Manchot saisit la Marianne sa femme, et voulut faire vis-à-vis à la Suzanne, qui dansait avec Siméon le pâtre, et l'aire à battre le blé, qui se trouvait en plein vent derrière la ferme, devint la salle de danse, qui n'eut pour tout éclairage que les rayons de la lune glissant dans un ciel sans nuages.

Mais, tout à coup, au plus beau moment de la fête, le fifre se tut subitement, le tambourin cessa de résonner, et les danseurs restèrent la jambe en l'air.

— Mais, qu'est-ce qu'il y a donc? s'écria François le Manchot.

— As-tu crevé ton tambourin? demanda Amand Juilly, le laboureur.

— Es-tu devenu fou? fit Suzanne.

Le Galoubet était immobile et comme pétrifié, le cou tendu, la bouche béante. On eût dit qu'il venait d'être frappé d'une sorte de paralysie générale.

— Mais qu'est-ce que tu as donc, gars? répéta le fermier.

— Écoutez... écoutez... dit-il enfin.

Et il étendit la main vers l'est, dans la direction de Bazarne.

— C'est le moulin, répéta la Suzanne.

— Non... non... c'est le galop de plusieurs chevaux, murmura le Galoubet.

— Ah! feignant! ah! poltron! s'écria le fermier, voilà que la peur te reprend!...

Comme il parlait ainsi, la lune dégagea à l'horizon de blanches étincelles, et le bruit que le Galoubet avait entendu devint plus distinct.

— C'est ma foi vrai tout de même! dit le fermier, c'est un peloton de cavalerie.

En effet, un quart d'heure après, une centaine de hussards entraient dans la cour de la ferme pour y bivouaquer.

Et, tandis qu'Anselme le Galoubet allait se cacher, la Mayonnette poussait un cri de terreur et d'angoisse.

L'officier qui commandait les hussards n'était autre que Marcelin, ce mauvais gars dont elle avait refusé la main.

II

L'amour ou la haine seuls sont clairvoyants. Deux êtres avaient reconnu Marcelin à première vue et sans qu'il leur fût besoin de le regarder à deux fois, comme aux autres gens de la ferme, qui ne pouvaient revenir du bel habit brodé et de l'épaulette d'or du lieutenant. Ces deux êtres étaient le Galoubet Anselme et la Myonnette.

Le Galoubet avait profité du tumulte occasionné par l'arrivée des hussards pour se sauver dans les champs.

La Myonnette avait jeté un cri, et elle était tombée défaillante dans les bras de Suzanne. Mais François le Manchot avait mis un bon quart d'heure à reconnaître son homme.

Il n'avait vu que le grade; il n'avait entendu que le tapage de l'éperon sur le pavé de la cour et le choc du sabre sur la tige des bottes fortes.

Il avait appelé Marcelin : mon officier, mon commandant, et l'avait conduit dans l'écurie et les greniers pour lui montrer qu'il y avait de la place pour les hommes et les chevaux, du fourrage et des vivres.

Distraits par les hussards, les autres gens de la ferme ne faisaient pas plus d'attention à Marcelin, et on s'était peu aperçu de la fuite du Galoubet et de la terreur qui s'était emparée de la Myonnette, que la Suzanne s'était empressée de conduire à sa chambre. Ce ne fut qu'en revenant des écuries, et en rentrant une lanterne à la main dans la salle basse de la ferme, que le fermier laissa échapper une exclamation de surprise.

Les rayons de la lanterne tombaient alors d'aplomb sur le visage de l'officier.

— Par la sambleu! comme disait mon colonel des gardes-françaises, est-ce possible? s'écria François le Manchot.

— Tout est possible, dit l'officier en souriant.

— Marcelin!

— Pourquoi pas?

— Comment! c'est toi, mon garçon?

— Mais sans doute, maître François, c'est moi; et je viens vous voir... non parce que c'est ma route, car j'aurais pu allonger l'étape de mes hommes d'une lieue et aller jusqu'à Mailly-la-Ville, mais parce qu'on a toujours du plaisir à revoir ses anciens amis.

— Mais tu es un brave garçon, dit le fermier. Après ça, pardon, excuse, j'ai peut-être tort de te tutoyer, maintenant que tu es officier?

— Mais non, maître François; tutoyez-moi, au contraire, ça me fait plaisir.

— As-tu soupé?

— Ma foi! non, et je meurs de faim.

— Eh bien ! je te tiendrai compagnie.

Et le fermier rappela tout son monde, criant à tue-tête qu'il fallait servir à souper à M. le lieutenant Marcelin.

La petite fête militaire qui durait depuis le matin recommença, c'est-à-dire qu'on défonça un nouveau tonneau, qu'on tordit le cou à une moitié de la basse-cour, et que, bien après minuit, la ferme de Crisenon, d'ordinaire si paisible, fut pleine de bruit et de tapage.

Mais ni la Myonnette, ni Suzanne, ni le Galoubet ne se montrèrent.

Enfin, les hussards campèrent dans la cour, auprès de leurs chevaux, les gens de la ferme s'allèrent coucher, et trois personnes seulement demeurèrent dans la salle basse :

François le Manchot et Marcelin, qui étaient toujours à la table ;

Nanette, la gardeuse d'oies, qui les servait.

La Nanette, comme on disait, était un être chétif, souffreteux, horrible.

Petite, bossue, un peu bancale, le visage couturé de petite vérole, elle avait les cheveux roux et un œil vairon.

Quand elle riait d'un rire mélangé d'idiotisme et de méchanceté, elle mettait à nu de grandes dents jaunes et déchaussées.

On faisait peu de cas d'elle à la ferme et on parlait devant elle comme devant un être dépourvu de raison.

Les valets de charrue l'appelaient ironiquement la plus belle fille de Pré-Gilbert, les servantes la rudoyaient, la mère Marianne elle-même, bien qu'elle fût une sainte femme, ne pouvait se défendre envers elle d'une sorte d'aversion.

Un seul être avait pitié de la Nanette et se montrait bon envers elle.

C'était la Myonnette.

Or, comme la Nanette avait la méchanceté profonde des êtres disgraciés, elle exécrait la Myonnette et lui voulait tout le mal possible.

L'occasion seule de lui nuire avait manqué jusque-là; mais cette occasion devait bientôt se présenter, et la Nanette, comme on va le voir, n'était pas femme à la laisser échapper.

Donc, François le Manchot et Marcelin causaient les coudes sur la table.

Le fermier disait :

— Ainsi, tu vas en Russie?

— Je pars lieutenant, je reviendrai capitaine, peut-être même mieux que ça.

Le fermier poussa un soupir.

— Mais où est donc votre fille, maître François? demanda l'officier.

Le fermier eut un gros juron.

— Elle a toujours peur de toi, dit-il, comme si maintenant que tu es officier, tu pouvais encore songer à elle.

— Mais, sans doute, j'y songe.

— Comment! encore?

— Toujours, dit Marcelin.

— Mille tonnerres! exclama le fermier, te moques-tu de moi, gars?

— Moi? mais non.

— Tu épouserais ma fille au jour d'aujourd'hui?

— Aujourd'hui comme dans deux ans.

— Eh bien? nom d'un chien! s'écria le vieux soldat, tope là!...

— Mais vous savez qu'elle ne veut pas de moi...

— Il faudra bien qu'elle en veuille, jura le fermier, ou sinon...

Et il laissa échapper un geste de menace.

— Ah! dit Marcelin, si j'étais sûr de ça, je n'irais pas en Russie.

— Comment cela?

— Je permuterais avec un camarade de la garnison d'Auxerre.

— Eh bien! dit François, c'est chose faite; qu'elle le veuille ou non, la Myonnette sera ta femme avant la Toussaint.

Tandis qu'ils causaient, la Nanette essuyait les assiettes et les serrait dans le vaisselier.

A ces dernières paroles, elle releva la tête et dit d'un ton narquois et insolent :

— Vous n'y pourrez rien, not' maître.

— Hein? fit le fermier en frappant du poing sur la table. Suis-je pas le maître, moi?

— Non, not' maître.

— Et si je veux que ma fille prenne un mari...

— Oh! elle en prendra un, ricana la Nanette, mais à son goût.

— C'est au mien qu'elle le prendra.

— Nenni da! fit la gardeuse d'oies.

— Ah! oui, murmura le fermier avec dédain, je sais ce que tu veux dire, mais c'est des bêtises, ça.

— C'est si peu des bêtises, reprit Nanette, que, pas plus tard que ce soir, j'ai entendu la Suzanne, votre nièce, qui disait au Galoubet qu'elle arrangerait les choses.

— Qu'est-ce donc que tu chantes là, petite? demanda le lieutenant Marcelin.

— Ah! mon beau monsieur, répondit la Nanette, je chante la vérité, allez! car c'est vraiment grand'pitié de voir une jeunesse comme la Myonnette, qui a du bien et de la beauté, préférer à un bel officier comme vous un vagabond comme le Galoubet.

— Mais qu'est-ce que le Galoubet? demanda encore le lieutenant Marcelin.

— Comment! dit le fermier, tu ne te rappelles pas Anselme?

— Celui qui joue du fifre et du tambourin dans les noces?

— Justement.

— Eh bien! c'est lui que la Myonnette aime?

Le fermier ne répondit rien, mais la Nanette continua :

— J'ai dans l'idée, moi, que si le Galoubet avait un mauvais numéro...

— Eh bien! fit vivement le fermier.

— Et qu'il vînt à partir, dans trois mois, continua la servante aux cheveux roux, la Myonnette s'en soucierait comme d'une guigne.

— Faudra voir! dit sentencieusement le fermier.

— C'est tout vu, dit Marcelin. Il a donc tiré à la conscription, le Galoubet?

— Oui.

— Quel numéro a-t-il?

— Soixante-neuf, répondit le fermier.

— Sur combien?

— Sur cent vingt.

— Il partira.

— Ah! dit François le Manchot, tu crois, mon garçon?

— J'en suis sûr. On prend les deux tiers du contingent.

— Bon ! fit le fermier, qui, ébloui par l'épaulette du lieutenant et la perspective de l'avoir pour gendre, en voulait décidément au Galoubet et souhaitait s'en débarrasser.

— On peut l'appeler d'un moment à l'autre.

— Vaudrait mieux qu'on l'appelât tout de suite, dit la Nanette, qui était foncièrement mauvaise.

Le lieutenant échangea avec elle un regard qui voulait dire :

— Patience !

François le Manchot buvait toujours.

— Dites donc, père François, lui dit Marcelin, si nous allions nous coucher ? Il faut que je sois à cheval au point du jour.

— Allons, balbutia le fermier qui se leva en trébuchant.

Et il ajouta :

— Tu as la plus belle chambre de la ferme, mon garçon, celle où couchait le défunt prieur, lorsque Crisenon était un couvent. Nanette, va donc éclairer le lieutenant.

La Nanette ne se le fit pas répéter ; elle prit sur la cheminée le plus beau chandelier de cuivre que garnissait une chandelle toute neuve, et elle ouvrit la porte qui donnait sur l'escalier.

Le lieutenant la suivit.

Quant il fut dans sa chambre, Marcelin fit à la Nanette un nouveau signe d'intelligence et ferma la porte.

— C'est donc vrai tout ce que tu as dit ? lui dit-il.

— Oui, répondit-elle.
— Elle aime le Galoubet?
— C'est-à-dire qu'elle en est affolée.
— Et tu crois que, s'il partait...
— Hé! dame! murmura la servante, vous savez bien qu'il y a un proverbe qui dit que les absents ont toujours tort.
— C'est vrai.

Le lieutenant se prit à réfléchir un moment; puis, tout à coup :

— Veux-tu gagner vingt francs? dit-il.

Et il fit briller une pièce d'or aux yeux de la servante éblouie.

— Je n'ons jamais mieux demandé, répliqua naïvement la Nanette.
— Peux-tu envoyer quelqu'un à Auxerre?
— Quand?
— Cette nuit. Quelqu'un qui reviendra demain matin avant sept ou huit heures.
— Pardine! j'irai bien, moi, s'il le faut.
— Mais, ma fille, dit le lieutenant, il faut au moins trois heures à pied.
— Je n'irai pas à pied.
— Comment iras-tu?
— Je monterai sur le poulain qui est à l'herbage.
— Et tu seras revenue de bonne heure?
— Aussi matin que vous voudrez.

Le lieutenant ouvrit sa sabretache et y prit un petit portefeuille dont il arracha un feuillet.

— Sais-tu lire?
— Nenni da! répondit la Nanette; mais je connais tout le monde à Auxerre.

— Alors, tu connais le lieutenant de gendarmerie ?
— Oh ! je sais bien où il reste.

Le lieutenant Marcelin écrivit quelques lignes au crayon et les mit, ainsi que la pièce de vingt francs, dans la main de la gardeuse d'oies.

— A présent, dit-il, tu peux aller, et si tu fais bien la commission, et si personne ne te voit rentrer à la ferme, il y aura encore vingt francs pour toi.

La Nanette ne savait pas ce que contenait la lettre qu'elle allait porter, mais elle avait le pressentiment qu'elle allait faire beaucoup de mal à la Myonnette.

Et cette pensée donna des ailes à la gardeuse d'oies ; elle descendit pieds nus pour ne pas faire de bruit, traversa la salle basse où le fermier s'était endormi les coudes sur la table, ouvrit et referma la porte sans bruit, et se sauva hors de la ferme avec la précaution et la légèreté d'un voleur.

Puis elle courut vers la prairie où il y avait une jument et son poulain au piquet.

Le poulain provenait du croisement de la jument, qui était une grosse percheronne, avec un étalon du Morvan, race grêle et rapide, et qui rachète sa laideur par de solides qualités.

Le poulain avait un an.

La gardeuse d'oies ramassa ses jupes et les retroussa avec une épingle ; puis elle détacha le poulain et lui fit un bridon de sa longe, qu'elle lui passa dans la bouche.

Après quoi, elle sauta sur la croupe nue de l'animal et le lança au galop, droit devant elle, hardie et solide comme un enfant arabe qui s'enfuit avec le cheval qu'il a volé.

. . . .

Quatre personnes avaient passé une mauvaise nuit à la ferme de Crisenon.

Il y avait d'abord la Myonnette, qui n'avait cessé de pleurer ; ensuite sa mère et Suzanne, que l'arrivée inattendue de Marcelin avait inquiétées, et enfin le Galoubet.

Oh ! celui-là n'avait pas fermé l'œil, enfoui qu'il était comme le jour précédent sous les gerbes de la meule, dans le champ d'avoine, au bord de l'Yonne.

Toute la nuit, il avait entendu rire les hussards, et il lui avait semblé qu'ils parlaient de lui !

Quand le jour vint, François le Manchot, qui avait cuvé son vin, et qui était tout à fait dégrisé, se leva comme à l'ordinaire, et mit tout le personnel de la ferme sur pied. Les hussards qui avaient bivouaqué dans la cour avaient bridé leurs chevaux et n'attendaient plus que les ordres de leur chef.

Mais le lieutenant Marcelin ne paraissait pas. Sans doute il dormait la grasse matinée.

La Nanette était, comme elle l'avait bien promis, rentrée au petit jour.

Le poulain, harassé de fatigue, avait repris sa place au pâturage.

La Nanette, voyant que l'officier ne descendait pas, dit au fermier :

— Peut-être bien qu'il est malade, le joli monsieur. Je vas aller voir.

Et elle monta à la chambre de Marcelin.

Celui-ci ne dormait pas, mais il attendait.

— Eh bien ? dit-il.

— La commission est faite, répondit la Nanette.

— Tu as vu le capitaine de gendarmerie ?...

— Pardine.

— Que t'a-t-il dit?

— Il m'a donné ça pour vous.

Et la Nanette glissa un papier dans les mains du lieutenant.

C'était un billet du capitaine de gendarmerie, ainsi conçu :

« Vous avez raison, mon cher lieutenant, le numéro du sieur Anselme, dit Galoubet, est peut-être mauvais, et en présence de ses projets de fuite que vous me signalez, il est prudent, comme vous dites, de le faire arrêter provisoirement. Je vais envoyer un brigadier et deux gendarmes s'assurer de sa personne. »

Marcelin déchira cette lettre en petits morceaux qu'il avala.

Puis il dit à la Nanette :

— Quand es-tu revenue?

— Il y a une heure.

— Alors, les gendarmes ne sont pas loin.

— Oh! dit la gardeuse d'oies, se servant d'une locution familière aux paysans, ils ne tardent que le moment d'arriver.

Le lieutenant s'habilla et descendit.

François le Manchot avait fait préparer le café et le vin blanc du matin.

Il jeta sur son futur gendre un coup d'œil d'admiration et d'envie.

— Tu es un bel officier! lui dit-il.

— Vrai? fit Marcelin. Mais ce n'est peut-être pas l'avis de tout le monde.

— Bah! bah! fit le fermier.

— Ah çà! reprit Marcelin, je vais donc partir sans avoir vu la Myonnette.

— Ah! tonnerre! cela ne sera pas, dit le fermier. Et il faudra bien qu'elle descende!

Comme il parlait ainsi, le fermier jeta un cri de surprise.

— Qu'est-ce donc que cela? fit-il.

Un brigadier et deux gendarmes entraient dans la cour.

— Tiens! fit naïvement Marcelin, c'est probablement à moi qu'ils en ont.

Et il alla au-devant d'eux.

Le brigadier salua Marcelin, mais ce fut à François le Manchot qu'il s'adressa.

— N'avez-vous pas un garçon de ferme appelé Galoubet? dit-il.

— Oui.

— Il est tombé au sort...

— Je ne sais pas, dit le Manchot qui tressaillit.

Au fond, le fermier était bonhomme et il ne détestait pas Anselme le Galoubet.

Les gens de la ferme étaient consternés.

— Où est-il? demanda le brigadier.

François le Manchot ne recula pas devant un innocent mensonge :

— Je l'ai envoyé au bois, dit-il.

Mais la Nanette se hâta de donner un démenti à son maître.

— Oh! je savons ben où il est, nous, dit-elle.

En ce moment la Suzanne traversa la salle basse et voulut s'élancer hors de la cour; mais un des gendarmes la prit par la taille et l'arrêta :

— N'allez donc pas si vite que ça, la belle! dit-il. C'est sans doute votre amoureux, mais il faut que force reste à la loi.

La Suzanne voulut se débattre et jeta un cri.

Ce cri perçant traversa l'espace et arriva certainement jusqu'au champ d'avoine. Il pouvait avertir le Galoubet du danger et lui donner le temps de fuir en traversant l'Yonne à la nage.

— Ah! tu dis savoir où il est? fit le brigadier s'adressant à Nanette.

— Pardine!

François le Manchot la pulvérisa d'un regard.

Mais la fille rousse haussa les épaules :

— Vous disiez vous-même que c'était pour son bien, fit-elle.

Et comme les portes de la cour étaient ouvertes et qu'on apercevait le champ d'avoine, elle fit un signe aux gendarmes, qui comprirent que le Galoubet était dans une des meules.

— Laquelle? demanda tout bas le gendarme.

— La troisième au bord de l'eau, répondit la gardeuse d'oies.

La Suzanne se disait :

— Il m'aura entendue, il se sera sauvé. L'Yonne est profonde, il plonge au besoin et il est bon nageur.

Mais la Suzanne se trompait.

La fatalité qui pesait sur Anselme avait voulu qu'après avoir passé une nuit d'angoisses par ce seul fait de la présence des hussards et de Marcelin à la ferme, le malheureux Galoubet, vaincu par le besoin de sommeil et plongé dans une sorte de torpeur plastique par l'air énervant du matin, se fût endormi à l'aube.

Les gendarmes le trouvèrent donc dormant.

— Allons, mon garçon, lui dit le brigadier, tu as un bout de chemin à faire aujourd'hui.

Le Galoubet jeta un cri, voulut fuir, fut terrassé, et comme il essayait de se débattre, les gendarmes lui mirent les menottes.

Pendant ce temps-là, la Myonnette s'évanouissait dans les bras de Suzanne; et le traître Marcelin se disait, en montant à cheval :

— Je commence à croire que j'épouserai la Myonnette.

Enfin, François le Manchot, hors de lui, s'armait d'un bâton pour chasser de la ferme Nanette la Rousse, la hideuse gardeuse d'oies...

Mais les gendarmes emmenaient le Galoubet, qui fondait en larmes.

2.

III

Il fait nuit, le ciel est noir, l'atmosphère est glacée.

Des nuages amoncelés se dégagent de gros flocons de neige, et le vent courbe la flamme rougeâtre des torches et des brasiers allumés sur la rive gauche de la Bérésina.

Ils sont tous là, les bataillons et les escadrons que nous avons vus, six mois auparavant, traverser la Bourgogne fertile et boire dans les fermes, au salut et à la gloire de la France !

Mais le canon des Russes a décimé leur nombre, et le froid, mortel ennemi, a complété l'œuvre de destruction.

Derrière eux le Kremlin en flammes ; devant eux, dans un horizon si lointain qu'il est devenu presque un rêve, le sol nourricier de la patrie ; la France qui rappelle ses enfants et leur réserve ces maternelles caresses que seuls ont méritées les vainqueurs du monde, trahis par l'adversité.

Entre le Kremlin et la France, les flots charriant des glaçons de l'impitoyable Bérésina.

Mornes et fiers, stoïques dans leur désespoir, héroïques en présence de la fortune ennemie, ils sont groupés autour de ce César moderne que le malheur vient de faire plus grand que les Pyramides qu'il foula jadis.

Voici la division de Davoust et celle du maréchal Oudinot, et les Polonais de Poniatowski, et les intrépides pontonniers du général Éblé. Ces derniers, le corps dans l'eau jusqu'aux aisselles, jettent les fondements d'un pont de chevalets. L'eau se glace autour de leur corps, qu'importe?

Ne travaillent-ils pas sous les yeux de César? car il est là, sur la rive, tantôt à cheval, tantôt à pied, enveloppé dans sa redingote grise garnie de fourrures, sa lorgnette à la main, comme l'ont représenté depuis ces soldats de l'histoire qu'on appelle les peintres et les poëtes.

Au nord, fument les ruines du village de Studianka; au sud, c'est-à-dire de l'autre côté de la rivière, quelques feux viennent de s'allumer dans la nuit.

Ce sont peut-être les Russes de l'amiral Tsichakoff ou du maréchal Wittgenstein qui veulent couper la retraite à l'armée française.

Les pontonniers travaillent toujours, et ce noble vieillard qu'on appelle le général Éblé est entré dans l'eau comme eux, pour la réchauffer de sa vertu.

Calme et songeur, Napoléon suit des yeux ces travaux gigantesques, qui, s'ils sont achevés en quelques heures, doivent sauver l'armée française. Tout à coup il tressaille, s'arrête et interpelle brusquement les officiers qui l'entourent.

— Quel est cet homme?

Et du doigt il désigne parmi les pontonniers qui travaillent avec le plus d'ardeur un soldat qui porte l'uniforme des chasseurs à cheval.

— Cet homme n'est pas un pontonnier, c'est un trompette, dit-il.

— Oui, sire, répond un colonel, c'est un de nos chasseurs. Il est dans l'eau depuis ce matin, après s'être battu hier toute la journée, et comme il est excellent nageur, il a rendu de très-grands services.

— Son nom? demanda l'empereur.

— Anselme. C'est un soldat de la dernière levée; il est arrivé conscrit à Moscou, et on l'a mis dans la musique.

— Appelez cet homme, ordonna l'empereur.

Deux minutes après, le chasseur devenu pontonnier se présente à l'empereur.

— Tu es bon nageur?

— Oui, sire.

— Franchirais-tu la Bérésina?

— Je le crois, sire.

L'empereur, quand il se dirigeait sur Moscou, a laissé en arrière un de ses corps d'armée, la division du général Corbineau.

Cette division doit être sur la rive droite de la Bérésina.

Toute la soirée on a entendu le canon des Russes et on a vu s'allumer leurs feux de bivouac.

Si le général Corbineau peut arriver sur la rive droite avant le jour et protéger l'achèvement du pont, l'armée entière est sauvée.

L'empereur a calculé tout cela! Mais comment prévenir Corbineau?

Il a envoyé dix officiers d'ordonnance : les uns n'ont pas reparu, les autres se sont noyés avec leurs chevaux et n'ont pu atteindre l'autre rive.

— Si tu parviens de l'autre côté, dit l'empereur au trompette, car ce chasseur intrépide qui travaille avec les pontonniers n'est autre que le pauvre Galoubet qui, six mois auparavant, fut emmené tout en pleurs, par les gendarmes, de la ferme de Crisenon, si tu parviens sur l'autre rive, si tu es assez brave pour risquer vingt fois la mort, et assez heureux pour revenir me dire quelles sont les troupes qui campent là-bas, derrière ces arbres, je te donne la croix et te fais officier.

Anselme le Galoubet, Anselme le trompette, fait le salut militaire et se jette à l'eau.

L'empereur le suit des yeux aussi longtemps que le nageur est dans le cercle de lumière décrit par les torches et projeté par les feux allumés à l'entour de Studianka.

Et derrière l'empereur, un officier le suit aussi du regard et murmure à mi-voix :

— Vainement ai-je essayé de te faire tuer depuis six mois ; mais je crois que le hasard va faire ma besogne.

Et, sur les lèvres minces et pâles de cet officier glisse un mauvais sourire, et le lieutenant Marcelin, c'est bien lui, souhaite que l'intrépide nageur soit emporté par le courant ou écrasé entre deux glaçons.

Car Marcelin, le fils de l'ancien intendant de Bertraut, le lieutenant Marcelin qui aimait la Myonnette et que la Myonnette exécrait, a fait, lui aussi, la campagne de Russie, et il a été assez habile, en quittant la France, pour faire incorporer dans son escadron Anselme le Galoubet. Le ménétrier du village devenu trompette est toujours allé le premier à l'ennemi. Chaque fois le cœur du haineux Marcelin a battu d'un odieux espoir; mais Anselme a passé au travers de la pluie de feu et est toujours revenu sain et sauf.

Anselme songeait à la Myonnette, et le souvenir de sa promise a été son talisman.

Marcelin, lui aussi, a marché vingt fois à l'ennemi, et les balles l'ont épargné; mais tandis que ses camarades sont devenus capitaines, chefs d'escadron, colonels, pendant la campagne, il est resté lieutenant, il sera lieutenant toute sa vie peut-être, et si vous voulez savoir pourquoi, quittons un moment l'empereur et son état-major, et pénétrons dans le bivouac des chasseurs.

Le froid et l'ennemi ont décimé le bel escadron. Les uniformes sont en lambeaux; les chevaux exténués grattent le sol glacé de leurs sabots, pour découvrir un brin d'herbe.

On sait déjà parmi les chasseurs la mission que l'empereur a donnée au trompette Anselme, et chacun dit son opinion.

— Il arrivera de l'autre côté, dit un vieux capitaine qui a vu le trompette à l'œuvre.

— Ce n'est pas probable, répond un soldat, le fleuve est large, le courant rapide.

— C'est un rude nageur, dit un maréchal-des-logis.

— Est-ce qu'il est d'un port de mer? demande un autre officier.

— Non, c'est un Bourguignon, répond le maréchal-des-logis.

— Et les Bourguignons sont de rudes soldats, ajoute le vieux capitaine.

— Oh! pas tous, ricane un soldat.

Le capitaine sourit.

— Est-ce que le lieutenant Marcelin est Bourguignon ? dit-il.

— Oui, mon capitaine.

— Et du même pays que le trompette Anselme ? Eh bien ! dit encore le capitaine en tortillant d'un air dédaigneux sa moustache grise, ce pays-là est comme de certains arbres mal greffés qui portent à la fois des pommes à cidre et des poires de bon-chrétien. Anselme est la poire de bon chrétien...

— Et le lieutenant est un lâche ! murmurent tout bas les soldats.

— Les jours de bataille, il est toujours en arrière de l'escadron, dit un brigadier.

— Moi, ajoute un chasseur, je l'ai vu s'abriter derrière un arbre à Krasnoë.

— Taisez-vous, les enfants ! dit le capitaine, et prenez patience. Je le ferai f..... en non-activité, si jamais nous revoyons la France.

Et tous ces hommes qui s'entretiennent de la lâcheté du lieutenant Marcelin sont tournés vers le feu de leur bivouac et n'ont pas vu le haineux officier, immobile, à dix pas, le nez dans son manteau, faisant des vœux pour l'anéantissement de l'armée française, de cette armée parmi laquelle il est généralement méprisé. Il y a longtemps déjà que le trompette Anselme s'est jeté dans le fleuve et longtemps qu'il a disparu dans l'obscurité.

Est-il mort ? le courant l'a-t-il entraîné ?

Une cruelle anxiété règne sur la rive gauche, et l'empereur continue à se promener à grands pas, ne dissimulant pas tout à fait son impatience.

— Si Corbineau est sur l'autre rive, dit-il parfois en

se tournant vers ses officiers, je réponds du dernier soldat de mon armée.

Tout à coup un son a traversé l'espace, dominant le travail des pontonniers et le bruit confus de l'armée tout entière qui attend son salut de l'achèvement de ce pont de chevalets.

C'est une note éclatante qui vient vibrer à l'oreille de Napoléon.

C'est Anselme qui a emporté sa trompette et qui, debout sans doute sur la rive opposée, annonce qu'il a franchi le fleuve.

Alors des hourras de joie et des applaudissements éclatent autour de l'empereur.

Mais l'empereur a toujours le front chargé de nuages.

L'empereur se demande si les feux qui brillent à l'horizon sont ceux de Wittgenstein et de l'armée russe, ou ceux de la division Corbineau.

La fanfare du chasseur s'est éteinte. Sans doute, aussitôt après avoir annoncé qu'il était vivant, marche-t-il à la découverte.

Une heure s'écoule, heure d'angoisse s'il en fut !

Mais la trompette se fait entendre de nouveau, et, chose bizarre, les notes sont si éclatantes qu'elles semblent partir du milieu du fleuve.

Anselme *sonne à l'ennemi*. Il s'est établi un moment sur un glaçon comme un phoque des mers boréales, et il annonce à l'empereur que les feux aperçus dans le lointain sont ceux de l'armée russe.

Et cependant le front de Napoléon s'est déridé. La certitude du danger rassure le grand capitaine que l'incertitude rendait soucieux. Son génie avisera.

Un cri d'enthousiasme s'élève, et tous ceux qui bordent la rive gauche, pontonniers, fantassins, cavaliers, battent tout à coup des mains.

Anselme vient de reparaître en deçà de la ligne de lumière projetée par le bivouac français; on l'a vu sur son glaçon; puis on l'a revu nageant et poussant quelque chose devant lui.

Ce quelque chose, c'est un homme qui nage pareillement.

C'est un soldat russe que l'intrépide trompette a surpris, sentinelle avancée, sur la rive droite, sur lequel il a rampé comme un reptile, devant qui il s'était dressé menaçant, son sabre à la main, et à qui, en un clin d'œil, il a arraché son fusil.

Tout cela a été si prompt que le malheureux cosaque a cru avoir affaire à un être surnaturel.

Anselme ne sait pas le russe, le cosaque ne sait pas le français, et cependant tous deux se sont compris.

— Si tu ne marches pas devant moi, a dit le trompette en couchant le cosaque en joue, je te tue!

Et le cosaque a marché; puis, toujours sous cette menace de mort, il est entré dans l'eau.

Anselme nage d'une main; de l'autre il tient le fusil au-dessus de sa tête, pour en protéger la batterie. Au milieu du fleuve, il a rencontré un glaçon, il est monté dessus pour sonner à l'ennemi.

Maintenant le voilà dans l'eau de nouveau, poussant toujours son prisonnier devant lui.

Et dix minutes après, le cosaque et le trompette ont touché la berge, et Napoléon dit au trompette :

— Lieutenant Anselme, je vous fais chevalier de ma Légion d'honneur.

Le cosaque prisonnier sera fusillé s'il ne donne de longs et minutieux détails sur la position, le nombre et les forces de l'ennemi.

Le cosaque veut vivre, il parlera.

Interrogé par un interprète, il répond que le maréchal Wittgenstein, campé sur la rive droite, suppose que les feux allumés sur la rive gauche sont ceux d'une division isolée, et que le gros de l'armée française va tenter de passer la Bérésina au-dessous de Borisow; que dès l'aube il se portera sur ce point, et qu'enfin la division Corbineau campe à deux lieues plus loin, en remontant le fleuve.

— Corbineau, comme Wittgenstein, est persuadé sans doute que nous tâcherons de rétablir le pont de Borisow, pense l'empereur.

Il faut que Corbineau soit prévenu. Quel messager autre que le trompette Anselme lui enverrait-on ?

Le nouveau lieutenant est prêt à repartir.

Mais lorsque une fois encore il aura atteint l'autre rive, aura-t-il le temps d'arriver jusqu'aux retranchements du général Corbineau avant huit heures du matin ?

Les pontonniers ont travaillé sans relâche, mais au point du jour le pont ne sera pas fini, Wittgenstein, s'il n'est occupé ailleurs, ouvrira le feu sur les travaux.

— Sire, dit Anselme, on dit que je suis le meilleur nageur de mon escadron, on se trompe; j'en connais un meilleur que moi.

— Qui donc ? demanda Napoléon.

— Mon cheval, sire.

— Peut-il porter deux hommes ?

— Oui, sire, j'en réponds.

Soudain un officier se précipite aux genoux de l'empereur.

— Sire, dit-il, je supplie Votre Majesté de me permettre de suivre le lieutenant Anselme.

Un murmure d'étonnement s'élève autour de Napoléon, car, dans l'officier qui réclame cette mission périlleuse, on a reconnut le lieutenant Marcelin, le couard et le poltron.

— Sire, dit Marcelin, je suis haï de mes camarades et on m'a calomnié. Votre Majesté me refusera-t-elle de me réhabiliter?

— Allez! dit sèchement l'empereur.

Anselme est déjà à cheval, et Napoléon écrit trois lignes au crayon sur une feuille de son carnet.

Le message est enfermé dans la sabretache du nouveau lieutenant.

Anselme a gardé sa trompette, Marcelin lui saute en croupe, et le cheval, qui porte deux hommes, entre bravement dans le fleuve.

C'est pourtant une humble monture que le cheval du trompette.

Il a l'encolure épaisse et courte, la crinière abondante, le jarret épais et la tête grosse. C'est un pauvre cheval de Tarbes qui n'a pas d'aïeux et n'a jamais eu l'honneur de porter un officier. Mais il a brouté l'herbe de France, il est de la race des soldats obscurs qui sont d'autant plus héroïques que les dignités et les honneurs ne seront jamais pour eux. Combattre est leur devoir, mourir leur récompense, c'est assez! Et le cheval du trompette, l'humble cheval blanc, qui n'aura jamais une chabraque galonnée, nage pourtant avec vaillance et comme s'il était l'étalon numide qui porte, les jours de bataille, César au front de ses légions.

L'homme à la nage a mis vingt minutes pour franchir le fleuve.

Le cheval va plus vite encore.

Aux indécises clartés de la prime aube, l'armée, attentive, le voit enfoncer ses sabots sur la berge, et, une fois encore, Anselme embouche sa trompette.

— Ce cheval et ces deux hommes sont le salut de mon armée ! murmura Napoléon.

Éblé encourage toujours ses pontonniers ; l'œuvre avance.

Dans une heure, la cavalerie de Corbineau viendra partager les derniers travaux et repoussera Wittgenstein.

. . . .

Et cependant le cheval blanc galope avec sa double charge, il galope dans les hautes herbes pour tromper la surveillance des sentinelles ennemies ; il atteint une forêt dont le sol est couvert de neige, et il s'élance à travers les taillis et les broussailles comme un cheval de chasse.

Alors, Anselme se tourne à demi sur sa selle et dit à Marcelin, qui le tient embrassé :

— Nous arriverons sains et saufs peut-être, mais enfin nous pouvons tomber dans quelque embuscade, et il faut tout prévoir.

— Que devons-nous faire ? demande le lieutenant Marcelin.

Anselme a arrêté son cheval à la lisière de la forêt.

— Regarde! dit-il.

— A gauche, à l'ouest, brûlent encore les feux de Wittgenstein.

A droite, dans l'éloignement, comme une ligne bleuâtre bornant l'horizon, on aperçoit les bivouacs de Corbineau.

La plaine est couverte de neige, et la couche en est épaisse.

— Nous ne pourrons plus galoper, dit Anselme, et un homme à pied marchera plus vite qu'un cheval. Il faut nous séparer.

— Pourquoi? demande Marcelin.

— Mais parce que, en nous séparant, nous avons deux chances de plus d'arriver jusqu'au général Corbineau.

— C'est juste, répond Marcelin.

— J'ai encore mon uniforme de soldat, et tu as ton épaulette d'officier. On croit un officier sur parole. Je garde le message écrit.

— Soit, dit Marcelin. Et le cheval?

— Nous allons l'attacher ici, à un arbre, et le bon Dieu voudra peut-être que nous le retrouvions.

— Maintenant, dit Anselme, avant de nous séparer, peut-être pour toujours, veux-tu me faire une promesse.

— Parle.

— Si tu revois seul le pays, tu iras trouver la Myonnette... Elle doit avoir un enfant, maintenant...

A ces mots, Marcelin pâlit.

— Ah! dit-il, elle a un enfant?...

— Je le crois.

— Et tu en es... le père ?

— Oui, dit Anselme, et c'est pour cela que je ne voulais pas partir.

Et le trompette, du revers de sa manche, essuya une grosse larme qui venait de couler sur sa joue.

IV

Au moment où les deux compatriotes échangeaient ces mots, les premières clartés de l'aube empourpraient l'horizon.

L'heure, le lieu, le paysage qui les environnait, avaient quelque chose de solennel.

Devant eux, à perte de vue, une plaine de neige; au-dessus de leur tête des nuages gris et tourmentés; à gauche l'ennemi, à droite mille périls, et bien loin, là-bas, à travers l'espace, au delà des collines lointaines, par delà plaines et monts, à plusieurs centaines de lieues, mirage toujours fuyant, rêve toujours perdu dans la brume du souvenir, le *pays*, c'est-à-dire la vallée verte où se déroule le ruban argenté de l'Yonne, et la ferme plantureuse de Crisenon où la Myonnette pleure sans doute, en attendant celui qui déjà est son époux devant Dieu.

Et comme Anselme essuyait une larme, le haineux Marcelin lui dit :

— Tu aimes donc bien la Myonnette?

— Si je l'aime! ah! fit le pauvre Galoubet, je me repends bien, je t'assure, quand je pense à elle, de risquer comme ça ma vie. Mais c'est plus fort que moi... je ne voulais pas être soldat... A présent qu'on m'a pris, allons!

— De quoi te plains-tu? fit Marcelin avec amertume.

— Oh! je ne me plains pas.

— Je sers depuis six ans, poursuivit Marcelin, et je suis toujours lieutenant, et cependant j'ai été à l'école...

— C'est vrai, dit naïvement le Galoubet.

— Et j'étais quasiment un monsieur...

— C'est encore vrai.

— Et toi qui étais valet de charrue il y a six mois et simple soldat hier, te voilà soldat et décoré.

— Ah! fit le Galoubet, toujours naïf, si tu crois que je ne l'ai pas gagné...

— Pardi! le beau mérite d'être bon nageur!

Anselme regarda Marcelin avec tristesse.

— Ce n'est pas le moment de parler de tout cela, dit-il. Nous serons peut-être morts tous deux dans une heure.

— Tout est possible, ricana Marcelin dont la voix sifflait comme une vipère.

— Et puisque nous sommes du même pays, et qu'il faut espérer que l'un ou l'autre de nous le reverra, il vaut mieux en parler en reprenant haleine.

— Tu as raison, dit Marcelin, qui tendit la main à Anselme.

Celui-ci continua:

— Maintenant que je t'ai dit pourquoi dans le temps je ne voulais pas être soldat, laisse-moi te faire une prière.

— Parle.

— Si tu revois la Myonnette et que je sois mort, prends soin de mon enfant.

— Je te le promets, dit Marcelin.

— Moi, poursuivit le Galoubet, je te jure bien que si je retourne à Pré-Gilbert sans toi, je prendrai soin de ton vieux père comme s'il était le mien.

— Allons! camarade, dit Marcelin, ne nous attendrissons pas davantage, et en route !

— Tu as raison, répondit Anselme, qui se retrouva soldat et redressa la tête.

Il déroula le licol que le cheval avait autour du cou et s'enfonça dans le bois, de façon que l'animal ne fût pas aperçu par les Russes.

Puis, après avoir passé la bride dans le pommeau de la selle, afin que le cheval ne pût mettre le pied dessus, il attacha l'animal à un arbre.

Ensuite il l'embrassa sur le cou, en lui disant :

— Va, mon pauvre vieux, nous nous aimions trop pour être séparés pour toujours. J'ai idée que nous nous reverrons.

Et il eut une larme d'attendrissement pour le cheval, comme il en avait eu une tout à l'heure en songeant à la Myonnette.

Alors il rejoignit Marcelin.

Marcelin s'était assis sur un monceau de neige accumulée par le vent.

Marcelin songeait :

— Il y a des hommes qui sont vraiment bien heureux. Voilà un misérable valet de charrue qui vient, en deux heures, d'être fait mon égal, et qui, certainement, sera mon supérieur avant six mois. En outre, il aime et il est aimé de la femme que je veux épouser... Ah! c'est trop de bonheur.

Et comme Anselme le rejoignait, Marcelin fit jouer les batteries d'un pistolet qu'il avait à sa ceinture.

— En route! répéta Anselme.

Une dernière fois, il tendit la main au lieutenant. Celui-ci examinait toujours son pistolet.

— Tu as donc pu le tenir hors de l'eau? dit-il.

— Oui.

— Et les batteries ne sont pas mouillées?

— Fort heureusement.

— Tant mieux! cela peut servir... Les cosaques ne sont pas loin... Allons! au revoir... ou adieu, Marcelin....

Et le trompette fit un pas en avant.

Mais, en ce moment, le lieutenant Marcelin leva le bras, coucha son œil sur le canon de son pistolet, un éclair se fit.

Un éclat de rire satanique, un cri de douleur et une détonation retentirent à la fois.

Atteint par la balle du lieutenant Marcelin, Anselme était tombé la face contre terre.

— Tu n'épouseras jamais la Myonnette! lui cria Marcelin.

Anselme se souleva à demi :

— Assassin! dit-il.

Puis il retomba et ferma les yeux.

Alors Marcelin lui prit sa sabretache, dans laquelle était le billet de l'empereur au général Corbineau.

Puis il rentra dans le bois, détacha le cheval, qui se mit à hennir, et sauta dessus.

Le cheval voulut reprendre le galop; mais comme il

sortait du bois, l'intelligent et courageux animal aperçut son maître étendu sur la neige, et l'odeur du sang vint effaroucher ses naseaux !

Anselme n'était pas mort; Anselme se débattait dans les convulsions de l'agonie.

Alors commença entre le cheval et le cavalier une lutte acharnée, un combat à mort.

Le cheval se cabra, volta, fit le saut de mouton et essaya de désarçonner Marcelin.

Mais Marcelin était bon cavalier, et il laboura les flancs du cheval à coups d'éperon et finit par le réduire momentanément.

— Il faudra bien que tu me portes jusqu'au camp des Russes ! murmurait le lieutenant.

Le cheval se défendait toujours, mais il marchait.

Le lieutenant se disait :

— Ah ! on me méprise dans l'armée française !... Ah ! ils ont dit que j'étais un lâche ! Eh bien ! je vais régler mes comptes avec eux... L'empereur de toutes les Russies va me faire colonel ; car ce que je porte dans ma sabretache vaut bien un régiment... Et si Napoléon et les débris de son armée périssent dans la Bérésina, les Russes iront en France... et j'aurai la Myonnette alors...

Les flancs du cheval saignaient comme le cou d'un mouton qu'on égorge ; mais Marcelin était vissé sur sa selle, et il fallait bien que le cheval marchât. Le bouquet d'arbres derrière lequel il avait laissé Anselme baignant dans son sang s'effaçait à l'horizon, et les lignes des Russes apparaissaient distinctement.

Le cheval continuait à se défendre, mais il avançait.

Enfin, le lieutenant arriva à un demi-mille des lignes retranchées de Wittgenstein.

Les troupes russes opéraient une manœuvre.

Marcelin entendit les tambours qui battaient aux champs, il vit déployer le drapeau noir et jaune surmonté d'un aigle à deux têtes ; aux rayons du soleil levant qui glissait sur le flanc noir des nuages, et au travers des flocons de neige qui recommençaient à tomber, il vit reluire les baïonnettes et les casques et s'agiter les bataillons, et les cosaques monter à cheval.

Marcelin avançait toujours, labourant les flancs du malheureux cheval.

Quand il ne fut plus qu'à cent pas, comme une bande de cosaques venait à sa rencontre, il tira son sabre et mit son mouchoir blanc au bout.

Puis il l'agita au-dessus de sa tête.

Mais en se livrant à cette opération, il se relâcha l'espace d'une seconde envers le cheval, et le cheval, d'un vigoureux coup de reins, finit par le désarçonner et l'envoya rouler dans la neige.

Lorsque les cosaques arrivèrent, ils trouvèrent Marcelin qui se relevait tout meurtri, et virent le cheval qui s'enfuyait au triple galop. Parmi les cosaques, il y en avait un qui parlait français.

— Qui êtes-vous? demanda-t-il à Marcelin.

— Vous le voyez à mon uniforme, je suis Français.

— D'où venez-vous?

— De la Bérésina.

— Où allez-vous?

— Je veux parler au maréchal Wittgenstein.

Le cosaque en référa à un officier; l'officier fit subir un second interrogatoire à Marcelin. Mais le traître avait l'audace de son infamie; il prétendit être porteur d'une lettre de Napoléon au maréchal, et il insista tellement, qu'il fut conduit dans la tente du généralissime russe.

Ce dernier venait d'ordonner la levée du camp, et, trompé par les rapports qui lui avaient été faits pendant la nuit, persuadé que Napoléon n'avait incendié le village de Studianka que pour lui donner le change, et qu'il comptait toujours essayer de passer la Bérésina au-dessous de Borisow, il allait se porter sur ce point.

Wittgenstein regarda attentivement Marcelin, le jugea d'un coup d'œil et lui dit sèchement :

— Vous n'êtes ni un parlementaire, ni un officier chargé d'une mission.

— Ah! fit Marcelin.

— Vous êtes un traître ou un espion.

Marcelin ne sourcilla pas.

Wittgenstein poursuivit :

— Je fais fusiller les espions, et je paye les traîtres selon l'importance de leur trahison.

Marcelin eut le courage de répondre :

— J'attendais cette réponse de Votre Excellence.

Le maréchal regardait toujours Marcelin et se disait :

— Les traîtres sont rares dans l'armée française; cet homme est peut-être une individualité unique et monstrueuse; pour qu'il vienne à moi, il faut que le secret qu'il a à me vendre soit d'une terrible importance.

Et, s'adressant à Marcelin :

— Que voulez-vous de moi? fit-il.

— Maréchal, répondit Marcelin, si je vous donne la possibilité d'anéantir le reste de l'armée française, que ferez-vous en ma faveur?

— Faites vos conditions d'argent, dit le maréchal. On payera. La Russie est riche.

— Non, dit Marcelin, ce n'est pas de l'argent que je veux.

Wittgenstein le toisa.

— Ah! dit-il.

— Je veux des épaulettes, reprit Marcelin.

— Pas dans l'armée russe, je suppose! dit le maréchal avec un dédain suprême.

— Alors, dit froidement Marcelin, que Votre Excellence me fasse fusiller. Elle ne saura rien.

— Soit, dit Wittgenstein, vous aurez des épaulettes.

— Et si Napoléon tombe, mon grade me sera maintenu dans l'armée française?

— J'aime autant cela, dit le maréchal avec la rudesse d'un honnête soldat. Les traîtres sont mal à l'aise sous mes ordres.

— Je ne trahis pas, je me venge, dit Marcelin.

— Abrégeons, dit le maréchal. Que voulez-vous?

— Je veux être colonel.

— Vous le serez. Parlez.

— Votre Excellence, dit Marcelin, se porte sur Borisow?

— Oui.

— Parce qu'elle croit que l'armée française tentera de rétablir le pont que les Russes ont détruit.

— N'est-ce donc point la vérité? fit le maréchal avec étonnement.

— Non, maréchal.

— Où est donc Napoléon?

— A Studianka... là... en face de nous.

— Mais il n'y a pas de pont à Studianka.

— On a passé la nuit à en construire un; dans quelques heures il sera fini.

Wittgenstein étouffa un cri d'étonnement; puis il regarda de nouveau Marcelin avec défiance.

— J'ai eu tort de vous appeler traître tout à l'heure, dit-il.

— Ah! fit Marcelin qui soutint le regard froid et calme du maréchal.

— Oui, dit encore Wittgenstein; car peut-être est-ce moi que vous trompez en essayant d'arrêter ma marche et en contrariant mon mouvement sur Borisow.

— J'ai dit la vérité à Votre Excellence.

— Ainsi Napoléon est à Studianka?

— Oui, maréchal.

— La preuve!... il m'en faut la preuve!

Alors Marcelin ouvrit sa sabretache et il en retira le billet de Napoléon, qu'il tendit au maréchal Wittgenstein.

Le maréchal lut :

Napoléon au général Corbineau,

« Bivouac de Studianka, 26 novembre, quatre heures du matin.

« Pont en construction sur la Bérésina. Il peut être détruit par Wittgenstein..... Accourez! »

Le généralissime russe plia ce billet et le mit dans sa poche.

Puis il regarda une dernière fois Marcelin :

— Monsieur, lui dit-il, vous serez colonel, et je tiendrai ma promesse; mais vous êtes le dernier des misérables, et vous venez de trahir votre souverain, vos compagnons d'armes et votre patrie. Aussi n'attendez jamais de moi que l'exécution pure et simple de nos conventions, et ne reparaissez jamais en ma présence.

Et le maréchal monta à cheval et se porta avec tout son corps d'armée sur la rive droite de la Bérésina, en face de Studianka, et fit ouvrir le feu sur les travaux des pontonniers du général Éblé.

. . . .

Cependant le cheval du trompette, après avoir jeté loin de lui son ignoble fardeau, dévore la plaine de neige.

Deux fois il tombe épuisé, et deux fois il se relève et continue sa course.

N'a-t-il pas vu son maître étendu et sans mouvement sur la neige? L'odeur du sang répandu n'est-elle point arrivée jusqu'à lui?

Et le cheval galope toujours, galope...

La balle de Marcelin a frappé Anselme entre les deux épaules.

Anselme est tombé, puis il s'est relevé à demi pour maudire son assassin; puis il est retombé de nouveau.

Et cette fois, ses yeux se sont fermés; et maintenant le voilà immobile sur la neige durcie qu'il empourpr de son sang.

Anselme est-il déjà mort, et son esprit, dégagé d son enveloppe terrestre, a-t-il franchi l'espace pour regagner le sol de la patrie?

L'âme du pauvre trompette a-t-elle quitté son corps ou bien, vivant encore, rêve-t-il ce dernier rêve d ceux qui, déjà privés de sentiment, se débattent contr la suprême et dernière étreinte de la mort?

Anselme se retrouve à Crisenon... il est assis au coin de l'âtre, dans la grande salle de la ferme.

Ils y sont tous, car c'est l'heure du souper, les compagnons de son enfance et de sa jeunesse, et le père Aubin, et Amand Juilly, et Suzanne la rieuse, et la mère Marianne, et François le Manchot.

Seule, la Myonnette est absente.

Où donc est-elle?

Est-elle morte, comme le trompette?

Le pauvre Galoubet interroge en vain tout le monde; personne ne veut lui répondre.

Enfin, la Marianne se penche sur lui, et le Galoubet sent deux grosses larmes qui coulent sur son visage.

. . . .

Anselme en était là de son étrange rêve, quand ses yeux se rouvrirent.

Une sensation de chaleur l'avait ranimé.

Et quand ses yeux furent ouverts, ils rencontrèrent deux yeux fixés sur lui, deux gros yeux pleins de larmes.

C'était son cheval qui le regardait.

Son cheval qui l'avait pendant longtemps tourné et retourné avec son sabot, qui lui léchait les mains et le visage.

Son cheval qui se prit à hennir lorsque le pauvre Galoubet rouvrit les yeux.

Et alors, intelligent et fidèle jusqu'au bout, l'animal, voyant que son maître n'est pas mort, semble deviner, avec son merveilleux instinct, qu'il a besoin de prompts secours et que, s'il reste là, étendu sur la neige, le froid l'aura bientôt tué.

Et comme Anselme fait de vains efforts pour se relever, le cheval comprend qu'il ne pourra jamais se remettre en selle, et, désespérant d'emporter son maître sur son dos, il le saisit avec les dents par ses vêtements et reprend sa course.

Marcelin l'avait poussé vers la gauche. Le cheval tourne à droite; il a compris que Marcelin le menait à l'ennemi; à l'ennemi, dans le camp duquel il n'y a pas d'exemple peut-être qu'un cheval français ait passé.

Et le cheval galope toujours dans la direction de la division Corbineau, emportant son maître, tantôt évanoui, tantôt rouvrant les yeux.

Évanoui, le trompette se retrouve à Crisenon et cherche des yeux la Myonnette qu'il ne voit pas.

Revenu à lui, il aperçoit dans le lointain cette forêt derrière laquelle se trouve une armée française, et il demande à Dieu de laisser à son cheval la force d'arriver et à lui assez de vie pour parler et pour remplir sa mission.

Le cheval galope toujours.

Mais tout à coup il s'arrête frémissant, dépose un moment son maître à terre et tourne sa tête intelligente en arrière..

Un bruit est venu jusqu'à lui; c'est le galop de plusieurs chevaux.

Le cheval du trompette a flairé l'ennemi; ces chevaux qui galopent derrière lui sont des chevaux cosaques.

Et la pauvre bête reprend son fardeau et continue sa course.

La forêt grandit à l'horizon, le cheval approche, et il redouble de vitesse, et il semble qu'il a pressenti qu'il portait avec lui le salut de la France.

Mais les frêles montures que le cosaque élève sur les rives du Don sont rapides comme l'éclair.

Les Russes gagnent du terrain.

D'abord ils n'étaient qu'un point noir perdu sur l'immense plaine blanche; maintenant on les voit, groupe distinct, voler à la poursuite du cheval fugitif et gagner du terrain à chaque minute.

Le cheval du trompette galope avec furie...

Mais les cosaques vont plus vite encore, et tout à coup une balle siffle...

Et le cheval du trompette tombe pour ne plus se relever, et le malheureux Anselme, que le froid avait de nouveau jeté dans le monde des rêves, revient à lui pour se voir entouré d'une troupe de cosaques, tandis que son pauvre cheval attache sur lui un œil mourant.

Anselme le Galoubet, le lieutenant Anselme, que l'empereur a décoré, est maintenant au pouvoir des Russes.

Reverra-t-il jamais le pays et la ferme de Crisenon, et la Myonnette, et l'enfant qu'il a si souvent entrevu dans ses rêves de soldat, sous la tente?

V

Les cimes blanches du Caucase se dressent à l'horizon, étincelantes sous les rayons du soleil de juin.

Nous sommes toujours en Russie, mais non plus dans ces plaines glacées du Nord, non plus sur les rives de la Bérésina, mais bien au delà de la mer Caspienne, dans la Moscovie méridionale, à quelques lieues du pays de Schamyl et de ses vaillants Circassiens.

La Russie est une nation batailleuse. Alexandre a envoyé au Caucase les régiments qu'il a ramenés de la campagne de France; car nous sommes en 1825, et il y a déjà treize années que les Français sont sortis de Moscou en flammes.

Une armée russe campe sur les bords de la Kouma.

La Kouma est le filet d'eau du désert; c'est la rivière bénie qui coule entre les steppes sans fin et les montagnes vertes que la Russie convoite et que Schamyl défend.

Le czarewitz Nicolas a pris le commandement de cette armée, et il a établi son quartier général sur la propriété du colonel Onslow.

Le colonel Onslow est un vieux soldat; jadis colonel d'un régiment tartare qui a fait la campagne de Moscou, il commandait sous les ordres du maréchal Wittgenstein. Retiré du service, il est venu se fixer sur les bords de la Kouma, où il possédait de vastes terres, et il s'y est retranché dans son château comme dans une forteresse. A la tête de deux ou trois cents paysans, le soldat devenu laboureur a souvent repoussé les Circassiens qui essayaient de franchir la Kouma.

Le czarewitz, qui compte se remettre en route le lendemain, s'enfoncer dans les montagnes et attaquer la forteresse la plus proche des Circassiens, s'est accoudé à une fenêtre qui donne sur les jardins du château.

Il est dix heures du matin, les soldats font la sieste sous les arbres, les chevaux broutent l'herbe des prairies voisines, et le czarewitz rêve peut-être de quelque blanche maîtresse abandonnée dans les salons de Pétersbourg.

Tout à coup un homme frappe ses regards et l'étonne par sa physionomie tout à fait étrangère.

Cet homme, appuyé sur une bêche, les bras nus, travaille comme un paysan; mais ses moustaches noires qu'il porte à la française, son nez aquilin et ses yeux bleus disent qu'il n'a rien de commun avec les races cosaques ou tartares.

Du premier coup d'œil, le czarewitz a reconnu dans le jardinier un Français.

Et, se tournant vers le colonel Onslow :

— Quel est cet homme, monsieur? lui demande-t-il.

Le colonel éprouve quelque embarras.

— Prince, dit-il enfin, cet homme est un soldat français demeuré prisonnier après le passage de la Bérésina.

— Mais alors il s'est fixé volontairement ici?

— Non, prince, il est toujours prisonnier.

— Vous devez vous tromper, colonel; il n'y a plus de prisonniers français en Russie. Tous ceux qui s'y trouvent encore y sont restés librement.

— Cependant, prince, j'ai reçu des ordres.

— De qui?

— Du maréchal Wittgenstein.

— Et ces ordres concernaient cet homme?

— Oui, prince.

— Qu'a-t-il donc fait? demanda le czarewitz tout songeur.

— Sire, il a failli sauver l'armée française tout entière au passage de la Bérésina.

— Et c'est pour cela qu'on le retient prisonnier?

— Hélas! dit le colonel.

— Monsieur, reprit le grand-duc, ce que vous me dites là est tellement étrange et invraisemblable qu'il me faut des explications.

— Je les donnerai à Votre Altesse, répondit le colonel, si Votre Altesse daigne me promettre...

— Quoi donc?

— Qu'elle fera justice, enfin.

— Je vous le prometz. Parlez!...

Le colonel continua :

Le matin du 27 novembre 1812, le maréchal Wittgenstein, sur la rive droite de la Bérésina, en face du village de Studianka, persuadé que Napoléon essayerait de franchir le fleuve au-dessous de Borisow, allait quitter sa position et se porter vers la Basse-Bérésina, lorsqu'un Français vint l'avertir qu'on construisait un pont de chevalets à Studianka.

Le maréchal fit alors une conversion, se porta vers Studianka, et Votre Altesse sait ce que les Français eurent à en souffrir.

— Comment, interrompit le czarewitz, c'est ce Français que je vois là-bas ?...

— Non pas, prince, répondit le colonel, le traître a joui en paix de sa trahison ; il est rentré en France et il est bien près, je crois, d'être général, s'il ne l'est déjà.

— Mais alors, quel rapport peut-il y avoir entre le mouvement stratégique de Wittgenstein et cet autre Français que vous retenez prisonnier?

— Votre Altesse va le comprendre. Tandis que les Français construisaient le pont, une division des leurs, demeurée sur la rive droite, pouvait venir à leur aide et nous empêcher, nous, d'attaquer le pont ; c'était la division Corbineau. Napoléon envoya deux hommes qui, montés sur le même cheval, traversèrent la Bérésina, porteurs d'un billet de l'empereur au général Corbineau.

L'un de ces deux hommes, une fois sur l'autre rive, tira sur l'autre un coup de pistolet et crut l'avoir tué ; puis, au lieu de se rendre près de Corbineau, il vint livrer au maréchal Wittgenstein le secret de Napoléon. L'autre, vous le voyez, prince, ajouta le colonel en désignant le jardinier toujours mélancoliquement appuyé sur sa bêche et fixant un regard étonné et curieux sur le czarewitz.

— Comment, c'est cet homme-là ? fit le czarewitz.

— Oui, prince, répondit le colonel. Une bande de cosaques le trouva à demi mort sur la neige. On le porta aux ambulances et il y passa plusieurs jours dans une situation désespérée.

Plus tard, lorsqu'il fut rétabli, il obtint une audience du maréchal ; mais aux premiers mots qui sortirent de sa bouche, le maréchal lui imposa silence. On ne l'envoya pas en Sibérie comme les autres prisonniers, on me le confia, et, depuis dix ans, j'en réponds sur ma tête ; personne autour de moi, excepté ma fille, ne parle français ; ce malheureux a appris un peu le russe, assez pour les besoins de la vie, pas assez pour soutenir une conversation. Il ignore la chute de Napoléon, et il est persuadé qu'il y a plusieurs centaines de prisonniers en Russie.

— Mais, monsieur, interrompit encore le czarewitz, pourquoi n'a-t-on pas laissé cet homme se rapatrier ?

— Oh ! pour un motif bien puéril, prince.

— Voyons.

— Si cet homme revoie la France, il accusera l'autre de trahison.

— Eh bien ?

— Évidemment, l'affaire fera grand bruit. Le traître sera déféré à un conseil de guerre.

— Et ce sera justice.

— Oui, certes ; mais le général Wittgenstein n'aura pas eu l'honneur de se porter sur Studianka de son propre mouvement, et il résultera clairement des débats d'un conseil de guerre qui, à coup sûr, aura un retentissement européen, que, s'il n'eût été prévenu, le maréchal commettait une faute grave en se portant sur

Borisow et changeait peut-être, par ce simple mouvement, la fortune de la Russie.

Le czarewitz regarda sévèrement le colonel Onslow.

— Et, dit-il, vous vous êtes fait l'instrument de ce déplorable orgueil, monsieur?

— J'ai obéi aux ordres que je recevais, répondit le colonel, courbant la tête.

— Il faut que justice se fasse, reprit le czarewitz; il faut que cet homme revoie son pays, qu'il y retrouve sa famille, son grade et la récompense qu'il a méritée.

Le colonel secoua la tête.

— Votre Altesse oublie une chose, dit-il.

— Et quoi donc? fit le czarewitz.

— C'est que Napoléon ne règne plus; que le régime bourbonien n'aime pas les soldats de l'Empire, et que ce malheureux non-seulement ne sera pas cru sur parole, mais qu'il pourra même se repentir amèrement de ses révélations.

Le czarewitz ne répondit pas au colonel, mais il fit signe au jardinier, qui continuait à le regarder, comme s'il eût pressenti que le prince allait lui rendre la liberté.

Le jardinier accourut.

C'était un homme de trente-trois ans, triste et fier.

— Comment vous nommez-vous, monsieur? lui dit le czarewitz en français.

Cette langue maternelle, qui résonnait pour la première fois à son oreille depuis treize années, cette formule polie du jeune prince émurent si fort le pauvre prisonnier, que deux ruisseaux de larmes jaillirent de ses yeux, et qu'il osa prendre la main du czarewitz et la porter à ses lèvres.

4.

— Comment vous nommez-vous? répéta le prince avec bonté.

— Anselme, répondit le Français.

— Occupiez-vous un grade dans l'armée française?

— L'empereur m'a fait lieutenant dans la nuit du 26 novembre, répondit Anselme.

— Racontez-moi votre histoire, poursuivit le prince.

Anselme dit alors en peu de mots, mais clairement, nettement, ce qui lui était arrivé lorsqu'il eut franchi la Bérésina en compagnie de Marcelin.

— Mais c'est la preuve de tout cela qui manquera toujours, dit le colonel Onslow.

— Vous vous trompez, répondit le czarewitz.

Et, s'adressant encore à Anselme :

— Voulez-vous revoir votre pays?

— Ah! mon prince, dit le pauvre trompette tout en larmes, si je le veux! J'ai là-bas une femme... un enfant... et, acheva-t-il avec un accent de colère, il faut pour tout bien que le traître soit puni.

— Il le sera, dit le czarewitz.

— Mais comment? fit le colonel.

— Il le sera, parce que vous, colonel Onslow, vous signerez une attestation de la vérité.

— A ce compte, dit le colonel Onslow, si Votre Altesse veut aller jusqu'au bout, il y a mieux encore...

— Ah! fit le prince.

— Le maréchal n'est pas homme à avoir détruit le billet de Napoléon au général Corbineau.

— C'est juste, dit le prince. Eh bien! Wittgenstein le rendra.

— C'est la tête du traître que vous accordez, prince; car, ajouta le colonel, il n'y aura pas en France un officier supérieur qui osera refuser de poursuivre, et le roi lui-même, si ennemi qu'il soit de tout souvenir napoléonien, ne pourra s'y opposer.

Le pauvre trompette de la Bérésina écoutait le jeune prince avec ravissement.

— Oh! dit-il, vous serez un grand empereur, vous aussi, mon prince, car vous aimez le soldat et vous avez le sentiment de la justice.

Le czarewitz prouva qu'il était digne du naïf éloge d'Anselme, le pauvre trompette.

Il envoya un aide de camp à Pétersbourg, et il prit Anselme pour secrétaire, en attendant le retour de l'officier.

Quinze jours s'écoulèrent. On donna l'assaut au fort circassien, qui fut pris après un combat meurtrier.

Le soldat de Napoléon se battit à la droite du grand-duc Nicolas avec une telle vaillance, que le prince se dit :

— Un homme aussi brave ne saurait mentir. Tout ce qu'il a dit est vrai.

L'aide de camp revint. Il était porteur de ce fameux billet et avait, en outre, toutes les pièces nécessaires pour constater l'identité d'Anselme et faciliter son rapatriement.

— Lieutenant Anselme, dit le czarewitz au trompette en lui remettant un pli cacheté, vous irez à Paris, et vous vous adresserez à l'ambassade russe; elle prendra votre cause en main, si besoin est; allez, vous êtes libre.

Le trompette baisa une dernière fois la main du czarewitz et partit, emportant une bourse pleine d'or et ces papiers qui devaient assurer la punition du traître. . . . .

. . . .

Le Caucase a disparu dans les brumes.

Aux bords enchantés de la Kouma succède le steppe jaune. L'horizon est infini, le ciel d'un blanc sans nuages.

La téléga de poste que le czarewitz a donnée au prisonnier français pour se rendre à Astrakan vole sur le sable au galop de ses trois chevaux garnis de clochettes.

Deux cosaques à cheval escortent le traîneau.

Pendant huit jours, la téléga court à travers le steppe, laissant tantôt à sa gauche un tombeau kalmouck, modeste pyramide de cet autre désert, tantôt à sa droite une caravane de Turkomans qui s'en vont en Sibérie acheter des fourrures.

Anselme songe à la France, — à la France qui est si loin encore ; — mais la téléga va si vite !

Voici maintenant la mer Caspienne, le lac immense aux eaux dormantes et morbides.

Sur ses bords couverts d'une végétation souffreteuse s'enlèvent des milliers d'oiseaux pêcheurs.

A l'entour, des tribus tartares font paître leurs immenses troupeaux de moutons.

La téléga doit s'arrêter ici.

Au traîneau doit succéder le dromadaire, car il y a encore un désert à franchir avant d'apercevoir dans les brumes dorées du couchant les coupoles et les minarets d'Astrakan, la blanche nymphe du Volga.

Le czarewitz a donné assez d'or au prisonnier français pour qu'il puisse payer une escorte.

Cette escorte, il la trouve à la dernière station de

poste, misérable hutte qui s'élève au milieu des steppes.

Une famille de Turkomans, suivie de ses nombreux serviteurs, a fait halte en cet endroit.

Les dromadaires sont chargés de pelleteries et d'étoffes précieuses. Le chef de la caravane est un vieillard à barbe blanche, qui a le czar en grande estime, mais qui adore Napoléon. Il fête le prisonnier français comme un prince ; il lui parle de son pays avec enthousiasme, et il refuse tout salaire pour le conduire à Astrakan.

L'honneur de servir de guide à un soldat de Napoléon n'est-il pas la plus précieuse des récompenses ?

La caravane se met en marche. Anselme le Galoubet partage avec le chef de la caravane la croupe d'un dromadaire. La vie du désert recommence.

Le soir, on dresse les tentes, les femmes dansent, les enfants jouent sur le sable, les hommes fument, devisent gravement en buvant de spiritueuses liqueurs qui, parfois, troublent un peu le cerveau du prisonnier.

Un soir, le chef de la caravane annonce à Anselme qu'Astrakan n'est plus qu'à une journée de marche.

Et tandis qu'on s'arrête pour la dernière fois sous la tente, le Français songe à la Myonnette et s'endort après avoir bu à la santé de la France.

Mais quelle liqueur perfide lui a-t-on versée...

Le sommeil d'Anselme est lourd, agité, rempli de cauchemars ; il se prolonge bien après l'aurore, bien après le lever du soleil, et malgré les ardeurs torrides de la journée.

Enfin il ouvre les yeux et regarde autour de lui étonné...

Les tentes ont disparu. Il est couché sur le sable brûlant.

Plus de dromadaires, plus de femmes et d'enfants, plus de voyageurs.

Les Turkomans sont partis, abandonnant le malheureux Anselme, après l'avoir dépouillé de l'or du czarewitz, de ses armes et de sa pelisse fourrée.

Ils ne lui ont laissé qu'une chose, — l'étui de ferblanc qui renferme ces papiers qui doivent perdre un jour l'infâme Marcelin. Et à la vue de ces papiers, Anselme retrouve ses forces et se dit :

— Il faut pourtant bien que je revoie la France !

Puis il continue sa route.

Il voyageait en traîneau, il ira à pied ; il avait de l'or, il mendiera.

La route est longue et pénible ; mais au terme du voyage est la patrie...

La patrie, c'est-à-dire la verte vallée où Anselme est né, la ferme où sans doute l'attend la Myonnette, et cette enfant qu'il n'a jamais vue, mais qui doit être une belle jeune fille maintenant, et qui lui jettera deux bras blancs autour du cou pour lui faire oublier les douleurs de l'exil.

Anselme marche toujours. Il a traversé la Russie méridionale, il atteint les provinces danubiennes.

Partout un nom lui a servi de talisman : Napoléon.

C'est un soldat de Napoléon et l'on s'incline, et ses pieds ensanglantés retrouvent des chaussures ; on lui donne des vêtements pour remplacer les siens ; et plus d'une femme jeune et belle lui sourit en le servant elle-même, au seuil de sa maison.

Il remonte le cours du Danube, retrouvant de nouvelles forces à mesure que le sol de la France se rapproche de lui.

Voici venir l'Allemagne aux forêts ombreuses, aux mœurs patriarcales, aux villes blanches et coquettes.

Anselme marche, marche toujours.

Enfin, un matin, il s'arrête au sommet d'une chaîne de collines que couronnent de noires forêts de sapins.

A ses pieds se déroule une plaine immense; au milieu de cette plaine coule un large fleuve, et au delà de ce fleuve, perdues dans les brumes de l'horizon, percent majestueuses les cimes de hautes montagnes.

Le cœur d'Anselme a battu avec violence.

La plaine, le fleuve et les montagnes lointaines, il les a reconnus.

C'est la plaine du Rhin, c'est le vieux fleuve dans lequel Strasbourg mire son clocher gigantesque.

Les montagnes bleues, c'est la chaîne des Vosges, c'est-à-dire la France!

Encore une journée de marche, et Anselme foulera la terre vénérée de la patrie.

De l'autre côté du Rhin flotte un drapeau.

Les trois couleurs ont disparu, le drapeau est tout blanc; Anselme essuie une larme, mais qu'importe? blanc ou tricolore, ce drapeau n'est-il pas celui de la France?

. . . .

Que demande-t-il, ce mendiant, qui veut forcer la consigne et pénétrer chez le général?

— On n'entre pas ainsi, lui dit le factionnaire en croisant devant lui la baïonnette.

— Je veux parler au général, répond Anselme, qui

vient d'entrer dans une place de guerre et se rend à l'état-major pour y faire constater son identité.

— Mon ami, répond le trompette avec douceur, je suis un soldat comme vous, laissez-moi passer.

— J'ai ma consigne, répond le soldat.

— Au moins, dites-moi le nom du général qui commande ici.

— C'est le baron de Bertraut, répond le soldat.

— Bertraut! exclama Anselme, c'est un nom de chez nous, ça... Mais il n'y en a plus... On avait guillotiné le dernier du temps de la révolution.

Et comme Anselme insiste toujours pour voir le général, une jeune fille de quatorze ou quinze ans se montre à une fenêtre.

Elle a jeté les yeux sur les haillons du pauvre exilé, mais sa martiale et franche figure la prévient en sa faveur.

— Que voulez-vous, monsieur? lui demande-t-elle.

Anselme lève les yeux sur la jeune fille et tressaille.

— Mon Dieu! dit-il, comme elle est belle!

Et il répond d'une voix tremblante :

— Je voudrais parler au général.

La jeune fille vient à sa rencontre :

— Le général est mon père, dit-elle : il est sorti; mais vous paraissez bien fatigué, monsieur...

— Oui, mademoiselle, balbutie Anselme, qui ne peut se lasser de regarder et d'admirer la jeune fille.

— Vous venez de loin?

— Oh! de bien loin, mademoiselle; j'ai été quinze ans prisonnier des Russes.

— Ah! pauvre homme! dit l'enfant.

Et elle le prend par la main et le fait entrer dans l'hôtel du général, en lui disant :

— Vous devez avoir besoin de nourriture et de repos. Venez, venez, monsieur...

Et Anselme se laisse conduire, et son cœur bat plus fort encore que la veille, lorsqu'il a découvert la terre de France des hauteurs de la forêt Noire.

La voix de la jeune fille est une musique; ses traits angéliques éveillent de confus souvenirs dans le cœur du pauvre soldat.

Enfin, elle pousse une porte et dit :

— Mère! mère! voilà un pauvre soldat qui revient de Russie et qui est bien las... et qui, sans doute, doit avoir bien faim.

A ces mots, une femme s'est levée et vient à Anselme.

Mais Anselme laisse échapper un cri et sent ses genoux fléchir.

VI

L'exil, les souffrances et le temps avaient rendu le pauvre Galoubet presque méconnaissable pour qui ne l'avait point vu depuis ce jour fatal où les gendarmes l'emmenèrent de la ferme de Crisenon.

Au pays, il était rasé comme les gens de la campagne; maintenant, il portait toute sa barbe.

Aussi, quand il jeta un cri, quand il chancela, la femme que la jeune fille avait appelée « ma mère » témoigna-t-elle un étonnement mêlé d'effroi.

C'était une femme de trente-trois ou trente-quatre ans, peut-être, aux cheveux blonds et aux yeux bleus; grande, un peu replète, et dans toute la splendeur de la seconde jeunesse. Sa mise, d'une simplicité pleine de distinction, ses mains blanches et soignées, l'enfant qui l'avait appelée « ma mère, » tout cela réuni devait pourtant dire éloquemment à Anselme, le pauvre Galoubet, qu'il était le jouet d'une méprise ou d'une vague ressemblance.

Et cependant il s'assit pour ne pas tomber, et, regardant toujours cette femme, il balbutia :

— Oh! pardonnez-moi!... pardonnez-moi.

— Ah! le pauvre homme! s'écria la charmante jeune fille, il tombe peut-être d'inanition.

Et elle se précipita au dehors pour donner des ordres et faire apporter des aliments au voyageur.

Celui-ci continuait à regarder la mère et murmurait :

— Non, non! c'est impossible.

Elle vint à lui et lui dit :

— Ma fille a raison, sans doute, monsieur ; vous êtes bien las, et peut-être que le besoin...

— C'est sa voix! c'est bien sa voix!... s'écria le Galoubet.

La mère de la jeune fille regardait toujours Anselme avec une curiosité étonnée.

— Que voulez-vous dire, monsieur? demanda-t-elle encore.

Anselme répétait entre ses dents :

— Oh! c'est impossible ; il n'y a pas deux femmes qui puissent se ressembler ainsi d'une manière si parfaite.

Elle reprit avec calme :

— Vous trouvez donc que je ressemble à quelqu'un?

— Oui... oh! oui... fit-il.

Et il était si faible et si tremblant, qu'il n'eut pas la force de se relever.

— En vérité! dit-elle.

— Oui!... oh! oui!... répéta-t-il.

La femme du général, car c'était bien chez la femme du général baron de Bertraut qu'il se trouvait, continuait à regarder cet homme au visage hâlé, aux traits amaigris; à la barbe inculte et couvert de haillons.

— Et à qui donc puis-je ressembler? dit-elle.

— A une femme que j'ai aimée...

— Et qui est morte sans doute, fit-elle avec douceur.

— Non... je ne sais pas... Ah! c'est bien son visage, son regard, sa voix...

— Et cette femme?

— On l'appelait la Myonnette! acheva le Galoubet.

Madame de Bertraut demeura impassible.

— C'est un nom de paysanne, dit-elle.

Anselme prit sa tête à deux mains.

— Je crois que je deviens fou, murmura-t-il.

Puis il tomba aux genoux de la femme du général et lui dit :

— Oh! certainement... je me trompais... il ne peut rien y avoir de commun entre une grande dame comme vous et une pauvre paysanne comme la Myonnette... Pardonnez-moi!... pardonnez-moi!...

La femme du général était fort pâle; mais elle continua avec calme :

— Et il y a bien longtemps que vous n'avez revu cette femme, sans doute?

— Treize ans! répondit-il.

— Alors, fit-elle, il n'est pas étonnant peut-être que vous preniez une ressemblance vague pour une ressemblance parfaite. Les souvenirs de treize ans sont confus, monsieur.

Anselme mit la main sur son cœur.

— Oh! non, dit-il; ils sont là, vivants et nets, comme le jour où les gendarmes vinrent me chercher.

La baronne ne sourcilla pas.

— Pauvre Myonnette, poursuivit le Galoubet, qui

continuait à attacher sur la femme du général un regard ardent, elle est peut-être morte de douleur, quand on lui aura dit que j'étais mort moi-même... car j'ai passé pour mort, madame!...

— Ah! fit-elle.

Il frappa sur l'étui de fer-blanc qu'il portait suspendu au cou.

— Mais j'ai là mes papiers, dit-il. Le grand-duc m'a donné toutes les preuves.

— Pour constater votre identité, sans doute?

— Oui, et pour faire punir le traître...

La baronne tressaillit encore, mais si imperceptiblement, que le pauvre soldat, tout entier à la chaleur de son récit, ne s'en aperçut pas.

— Oui, dit-il, si je suis tombé au pouvoir des Russes, c'est que j'ai été trahi, assassiné, par un misérable...

— Ah! dit la baronne, qui se prit à l'écouter attentivement.

— Un misérable qui a fait bien du mal à l'armée française...

— Un Russe, sans doute?

— Non... un Français...

— Comment le nommait-on?

— Marcelin, dit le soldat.

Madame de Bertraut eut vers les tempes une petite contraction nerveuse, mais comme en ce moment sa fille entra, le Galoubet n'y prit pas garde.

La jeune fille portait elle-même un plateau sur lequel il y avait un bouillon, un morceau de viande froide et une bouteille de vin. Anselme cessa de regarder la mère et se mit à contempler naïvement la jeune fille.

C'était une créature presque idéale, tant elle était

belle. Avait-elle vingt ans ou quatorze? Les plus exercés n'eussent pu le dire, car si son front rougissant et ses joues couvertes d'un duvet semblable à celui d'une pêche en plein vent disaient qu'elle était très-jeune, sa taille élancée et flexible, ses mains blanches et mignonnes et ses beaux cheveux noirs accusaient une coquetterie naïve que l'enfance n'a pas encore.

Elle posa le plateau sur un guéridon et vint placer le guéridon devant le pauvre soldat.

Et si la surprise avait motivé le premier cri d'Anselme quand il avait vu madame de Bertraut, néanmoins la jeune fille ne s'était trompée qu'à demi lorsqu'elle avait dit qu'il mourait peut-être d'inanition.

En effet, Anselme avait fait une longue route, et il n'avait pas mangé depuis la veille.

Aussi, malgré lui, se jeta-t-il avec une voracité presque bestiale sur ce repas improvisé.

Et la jeune fille se plaça auprès de lui et se mit à le servir, affectueuse, coquette, respectueuse, et lui disant, dès qu'il eut apaisé sa première faim :

— Ah! monsieur, pour que vous reveniez de si loin et au bout de si longtemps, il faut que vous ayez été bien malheureux !

— Oui, mademoiselle, répondit Anselme, qui la contemplait avec extase et comme si une fibre mystérieuse eût tout à coup vibré au fond de son cœur meurtri.

— Vous étiez officier peut-être, reprit-elle.

— Je l'ai été l'espace de quelques heures... c'est l'empereur lui-même qui m'a nommé.

— Ah! l'empereur ! fit-elle avec un naïf enthousiasme... papa et maman ont beau ne pas l'aimer... je l'adore, moi... et je le trouve grand comme le monde.

A ces paroles de l'enfant, le soldat de Napoléon se sentit si fort ému qu'il lui prit vivement la main, la porta à ses lèvres et y laissa tomber une larme.

— Rose, dit sévèrement madame de Bertraut, vous êtes une petite folle, et vous savez très-bien que votre père, le général baron de Bertraut, vous a défendu de parler de Bonaparte.

Rose fit une petite moue pleine de mutinerie :

— Je l'aime, moi, dit-elle ; et je ne crois pas à tout ce que vous dites... papa et toi... et je suis persuadée qu'il reviendra... car il est impossible qu'il soit mort..: Les hommes comme lui sont immortels... n'est-ce pas, monsieur ?...

Pâle, agitée de tressaillements nerveux, madame de Bertraut était au supplice.

Le Galoubet mangeait toujours avec avidité, et ne quittait pas Rose des yeux.

— Ainsi, c'est l'empereur qui vous fit officier ?

— Oui, mademoiselle, pendant cette terrible nuit où l'armée française campa sur les ruines fumantes du village de Studianka.

— Ah ! racontez-moi donc ça, monsieur, reprit Rose en joignant coquettement les mains ; je suis si curieuse de tout ce qu'on a fait alors ! Mais on ne veut rien me dire..., et, quand je parle de l'empereur, on me répond Buonaparte... et mon père dit que le plus grand capitaine des temps modernes est le roi Louis XVIII. Quelle bataille a-t-il donc gagnée ?

Malgré ses douleurs, Anselme avait gardé le caractère français et la gaieté bourguignonne.

A cette saillie de la jeune fille, il se mit à rire aux éclats.

— Mademoiselle, dit la baronne, au lieu de vous occuper de toutes sortes de billevesées, vous feriez mieux de songer à monsieur.

— Mais j'y songe, maman, puisque je l'écoute.

— Ce n'est pas ce que je veux dire, reprit la baronne. Le général votre père est, vous le savez, en tournée d'inspection. Il ne rentrera pas aujourd'hui. Mais, en son absence, il est de notre devoir à toutes deux d'exercer l'hospitalité la plus large envers un soldat français qui revient de l'exil.

— Mais certainement, maman, dit la jeune fille.

— Allez donc lui faire préparer une chambre où il pourra se reposer quelques heures.

— Oui, maman.

La jeune fille se leva, fit quelques pas vers la porte, puis revint :

— Mais, dit-elle, monsieur ne se retirera peut-être pas tout de suite... Pourquoi donc ne me raconterait-il pas ?...

Madame de Bertraut se mordit les lèvres et ne dit mot.

Rose s'assit de nouveau en face d'Anselme !

— Je veux savoir, dit-elle, comment l'armée française a passé la Bérésina.

— En se noyant par moitié, répondit le soldat.

Et alors le Galoubet trouva des accents presque épiques pour dire ce qu'il avait vu.

Il dépeignit à l'enfant enthousiaste cette sinistre nuit passée au bivouac de Studianka et le travail sans relâche des pontonniers, et les ordres donnés par Napoléon, et son double et aventureux voyage à la nage d'une rive à l'autre. Puis enfin son départ avec le traître Marcelin, et l'héroïque dévouement de son cheval essayant de l'arracher aux cosaques...

Puis sa longue captivité au pied du Caucase, et enfin son entrevue avec le czarewitz Nicolas, qui lui avait rendu la liberté.

Et la jeune fille l'avait écouté haletante, anxieuse, pleine d'émotion et d'enthousiasme.

Quand il eut fini, elle s'écria :

— Mais il faut qu'on vous rende votre grade !

— Je ne sais ce qu'on fera pour moi, répondit Anselme en hochant la tête ; mais dans toutes les villes d'Allemagne où j'ai passé et où l'on parle français, on m'a dit qu'on était fort dur, maintenant, pour les soldats de Napoléon.

— Oh ! dit Rose, je vous promets, moi, qu'on vous fera justice ; mon père est bon, au fond, et quand je lui parlerai de vous... il faudra bien...

— Votre père est attaché au roi, dit tristement Anselme.

— Qu'est-ce que cela fait ? reprit la pétulante enfant... Il m'aime, mon père, il a coutume de m'écouter bien plus que maman...

Pour adoucir ce reproche, elle passa ses bras au cou de la baronne et lui mit un baiser au front :

— Méchante ! dit-elle, qui gronde toujours sa fille adorée.

Et, s'adressant encore à Anselme :

— Et puis, dit-elle, mon père est un homme juste... Il vous appuiera... vous reprendrez du service...

— Oui, si l'on punit le traître, dit-il.

Par un de ces hasards étranges, Anselme, en racontant le drame de la rive droite de la Bérésina, ce drame terrible dont il avait été le héros et la victime, avait désigné Marcelin par le mot lieutenant, et n'avait point prononcé son nom.

— Comment! si on le punira! dit Rose, mais sans doute, car enfin, qui sait! sans sa trahison, bien certainement l'empereur aurait battu les Russes, n'est-ce pas, monsieur?

— Je le crois, mademoiselle.

— Mais, mon enfant, dit la baronne, qui souffrait mille tortures, allez donc exécuter mes ordres.

— J'y vais, maman, répondit-elle.

Et Rose se leva cette fois, salua le Galoubet d'un petit geste amical et sortit.

Alors Anselme se tourna vers la baronne :

— Ah! vous êtes bien bonne pour moi, madame, dit-il, si bonne que je vous vais dire une folie encore, une de ces choses comme il n'en peut venir qu'à l'esprit troublé d'un pauvre homme comme moi.

Madame de Bertraut le regarda toujours étonnée.

— Oui, dit-il, figurez-vous que, dans la ferme où j'ai passé mon enfance, il y avait une jeune fille qui était la cousine de la Myonnette, celle à qui vous ressemblez.

— Eh bien? fit la baronne toujours calme.

— Cette cousine se nommait Suzanne.

— Ah!

— Et tout à l'heure, tant j'ai d'illusions dans la tête...

— Il vous a semblé, sans doute, fit la baronne, dont la voix s'altéra, que ce n'était plus à la Myonnette que je ressemblais.

— Oh! si, toujours.

— A la Myonnette et à Suzanne en même temps, peut-être, dit encore la baronne.

— Non, pas vous.

— Qui donc, alors?

— Votre fille.

— Rose! exclama la baronne.

— Oui, madame.

— Ah! monsieur, dit madame de Bertraut, qui se leva avec une dignité froide, vous aviez raison tout à l'heure.

— Madame.

— Vous aviez raison quand vous me disiez que vous aviez le cerveau un peu troublé.

Et, par un geste de dépit à demi machinal, la baronne se prit à froisser ses manches de dentelle.

Ce geste mit son bras droit à découvert l'espace d'une seconde; mais cette seconde avait suffi. Le Galoubet jeta un nouveau cri.

Mais, cette fois, ce n'était plus le cri du doute.

C'était le cri de la conviction.

D'une conviction absolue, inébranlable!

Il prit le bras de la baronne frémissante, releva sa dentelle et mit à nu une large cicatrice :

— Ah! s'écria-t-il, tu ne nieras plus que tu es la Myonnette? cette cicatrice que tu as là, c'est celle d'une coupure que tu te fis au temps des fenaisons, avec le fer d'une faux. Baronne ou non, tu es la Myonnette?

La baronne jeta un cri étouffé :

— Grâce! grâce! dit-elle à mi-voix.

— Et moi qui n'ai affronté la mort que pour toi, murmura le soldat qui passa subitement de la colère à l'émotion.... moi qui, quinze années, ai eu ton image dans mon cœur et ton nom sur mes lèvres...

— Anselme... Grâce! dit-elle, ne criez pas!... n'appelez pas!...

L'amour le reprit, il tomba à genoux :

— O Myonnette, dit-il, si tu savais comme je t'aimais... et tu m'as oublié...

— Non, dit-elle.

— Tu es devenue la femme d'un autre...

— Pardonnez-moi... Je vous ai cru mort.

— Ne sais-tu donc pas que les morts reviennent, quand ils aiment comme je t'aimais!...

— Je vous ai bien pleuré, continua-t-elle.

— Mais tu m'as trahi...

— Oh! pas ce mot, fit-elle, non, pas ce mot.... Je vous aimais toujours; mais si vous saviez comme on m'a tourmentée, obsédée... pour que j'épousasse le général.

— Ah! oui, fit-il avec amertume, un général, ce n'est pas peu de chose, et franchement ce n'est pas le souvenir d'un pauvre paysan, d'un obscur soldat comme moi...

Et comme il élevait encore la voix, elle joignit les mains suppliantes :

— Grâce! répéta-t-elle, ne me perdez pas, mes gens peuvent venir.

Sur ces mots il se releva, et, superbe, terrible, il la tint clouée sous son regard :

— Et votre enfant, dit-il.

A ce mot elle frissonna et courba la tête.

— Le mien, répéta-t-il, car tu étais enceinte quand je suis parti.

Elle se taisait toujours.

— Mais réponds donc! fit-il en lui secouant le bras

— Vous l'avez vue? dit-elle d'une voix mourante.

— Ma fille! exclama Anselme avec une explosion de joie, c'est ma fille!

— Au nom du ciel, plus bas! fit-elle.

Mais lui, affolé, répéta :

— Ma fille!... ma fille!... cet ange que je viens de voir, cette belle demoiselle est ma fille!

La baronne, saisie d'une peur vertigineuse, tomba à genoux devant cet homme qui perdait la tête.

— Anselme, dit-elle, Anselme, si tu m'as aimée, si tu m'aimes encore...

— Si je t'aime! fit-il avec une explosion de joie enfantine.

Et il voulut la prendre dans ses bras.

— Écoute-moi, reprit la baronne d'une voix brisée; au nom du ciel, au nom de l'amour que tu as eu pour moi... au nom de notre enfant.

Elle souligna ce dernier mot avec une émotion indicible.

— Eh bien! dit-il, que veux-tu?

— Je veux que tu m'écoutes... je veux que nous parlions bas...

— Et puis?

— Je veux... je veux... Ah! je ne sais plus.... dit-elle.

Et, pleine de terreur et d'angoisse, elle courut à la porte que Rose avait laissée entr'ouverte, la ferma précipitamment et poussa le verrou.

Puis elle revint vers Anselme.

Celui-ci était calme, il avait réfléchi l'espace d'une seconde, et avait compris que cette femme était dans son droit en le suppliant d'éviter tout esclandre.

— Oui, dit-il, tu as raison... je ne ferai pas de bruit... mais parle... dis-moi... il me faut mon enfant...

— Oui, dit-elle ; mais ne l'as-tu pas vue tout à l'heure ?

— Si... Oh ! elle est belle !

— Et elle a été élevée comme une demoiselle.

— C'est un ange ! dit le Galoubet avec extase.

— Et pourtant, reprit-elle, je ne peux pas lui dire la vérité. Comprends-tu ?

— Oui... oui... dit-il avec la soumission d'un enfant.

Et il jeta un regard piteux sur les haillons qui le couvraient.

Puis, tout à coup, il redressa fièrement la tête :

— Mais je ne serai pas toujours comme ça, dit-il. L'empereur m'a décoré... il faudra bien qu'on me rende mon grade !

— Oui, je l'espère, dit la baronne.

— Et si on ne veut plus de moi, on me fera une pension, car j'y ai droit.

— Sans doute, mon ami.

— Et alors il faudra bien que ma fille me reconnaisse, n'est-ce pas ?

— Oui, dit encore la baronne comme un écho inintelligent.

— Et je vous emmènerai toutes deux, murmura naïvement le Galoubet.

— Ah ! tu es fou ! s'écria-t-elle.

— Fou ! dit-il

— Oui. As-tu oublié...

— Quoi donc ?

— Que je suis mariée !

Il eut un cri de rage.

— Non ! dit-il, cela n'est pas... cela ne peut être....

Tu es ma femme devant Dieu; ton enfant est mon enfant...

— Je suis mariée... répéta-t-elle.

— Eh bien! il y a le divorce! dit-il; est-ce que l'on peut refuser de me rendre ma femme et mon enfant?

— Oui... le divorce est aboli.

— Tonnerre! exclama le pauvre fou, on le rétablira pour moi... je veux ma femme!...

— Anselme!

— Je veux mon enfant!...

— Mais tais-toi donc, malheureux!

Elle voulut lui mettre une main sur la bouche.

Il la repoussa avec colère.

— Ah! c'est parce que je ne suis pas général, dit-il, que tu ne veux pas venir avec moi... Eh bien! je le deviendrai!... qu'on m'envoie à l'ennemi... et ton roi saura ce qu'ils savent faire, les soldats de Napoléon...

— Oh! mais cet homme est fou! murmurait la baronne en se tordant les mains de désespoir.

— Fou! dit-il, fou! parce que je demande ma femme?

— Mais tais-toi!

— Parce que je demande mon enfant!

Elle eut peur et voulut fuir.

Mais il se plaça devant la porte et lui barra le passage.

— Je veux ma femme et mon enfant! répéta-t-il avec la ténacité d'un homme qui commence à perdre la raison.

— Mon Dieu! mon Dieu! s'écria-t-elle, prenez pitié de moi!...

Elle courut à une seconde porte et l'ouvrit.

Cette porte donnait dans sa chambre à coucher.

Anselme l'y suivit.

Mais comme il en franchissait le seuil, il s'arrêta muet, stupide, et comme étreint à la gorge par une main de fer invisible.

En face de lui, il y avait un portrait en pied.

Le portrait d'un homme en grand uniforme de général de brigade.

Et dans ce portrait Anselme venait de reconnaître l'ancien lieutenant Marcelin, l'homme qui avait vendu l'armée française au maréchal russe Wittgenstein!

VII

Le temps qui s'écoula alors pendant qu'Anselme considérait ce portrait eut-il la durée d'une heure ou d'une seconde? C'est ce qu'il est impossible de dire, mais il sembla à la baronne qu'un siècle venait de s'écouler.

Anselme ouvrit enfin la bouche :

— Quel est cet homme? dit-il.

Elle courba la tête et répondit :

— C'est lui !

— Lui! lui!! lui!!! fit-il sur trois tons différents.

Elle ne répondit pas.

— Mais, reprit-il, c'est impossible... tu t'appelles madame de Bertraut.

Elle se courba plus bas encore :

— Le roi lui a conféré ce nom en récompense de ses services.

Alors l'ancien trompette eut un rugissement.

— Oh! cela n'est pas, dit-il, cela ne peut être... Je ne

connais pas le roi dont tu parles; mais il est impossible qu'il récompense les traîtres et les lâches!

— Les lâches! les traîtres! répeta la Myonnette comme un écho.

Il s'avança vers elle menaçant, et de nouveau il lui secoua le bras :

— Mais tu n'as donc pas compris! s'écria-t-il.

— Oui... non... Je ne sais pas, balbutia-t-elle.

— Mais l'homme qui nous a trahis!... mais l'homme qui m'a assassiné!...

Elle le regarda haletante.

— C'est lui! dit-il avec une explosion de haine et de colère.

Elle se prosterna presque devant cet homme rugissant de fureur, comme un coupable devant son juge.

— Et c'est là, reprit-il, l'homme que tu as épousé! cet homme dont tu avais horreur autrefois!...

L'accent du Galoubet était si navré, qu'il réveilla dans le cœur de la baronne des cordes qui, depuis longtemps, avaient cessé de vibrer.

— Ah! pardonne-moi, dit-elle, si tu savais...

— Oui, dit-il, je sais ce que tu vas me dire, tu me croyais mort, ton père t'a poussée, on t'a forcée... Que sais-je, moi!

Et le Galoubet frappait du pied et s'était mis à arpenter la chambre à grands pas.

— Non, dit la baronne, ce n'est pas cela.

— Qu'est-ce donc, alors? fit-il menaçant.

Elle avait fini par s'agenouiller devant lui, et, courbée sous le désespoir et la honte, elle lui fit le récit suivant :

— Quand tu fus parti, Anselme, je fus prise d'un si

grand désespoir, que je voulus me jeter dans l'Yonne ; mais ma pauvre mère, qui est morte depuis, m'en empêcha.

Cependant le temps marchait, et l'heure approchait où je ne pourrais plus cacher ma faute. La vue de mon père me faisait trembler.

Enfin, un jour vint où ma taille épaissie me força à tout avouer. Mon père était violent ; il entra en fureur et voulut me tuer.

— Nomme-moi ton séducteur, me dit-il, ou c'est fait de toi !

Lorsque ton nom eut jailli de mes lèvres, sa fureur redoubla.

— Prie Dieu, me dit-il, qu'il revienne pour donner un nom à son enfant ; car s'il ne revient pas, aussi vrai que je n'ai qu'un bras...

Ma pauvre mère arrêta ce bras qu'il levait sur moi et se jeta à genoux.

L'heure fatale arriva ; ma fille vint au monde. Je l'inondai de mes larmes et je continuai à t'attendre.

Qu'étais-tu devenu ? Nul ne le savait.

Enfin, un jour... Oh ! je ne l'oublierai jamais, deux lettres arrivèrent à mon père.

L'une lui annonçait ta mort et disait qu'on avait retrouvé ton cheval sur la neige, et auprès du cheval un cadavre que les loups avaient défiguré et qui ne pouvait être que le tien.

Mon père se répandit en blasphèmes, et je crus que ma dernière heure était venue.

Mais la lecture de la seconde lettre, dont je ne connus le contenu que plus tard, le calma subitement.

Cette lettre était de Marcelin.

Marcelin écrivait que tu étais mort dans ses bras et qu'il avait reçu ton dernier soupir.

— L'infâme ! murmura le Galoubet.

La baronne continua :

— Marcelin écrivait encore que tu l'avais, pour ainsi dire, chargé de tes dernières volontés ; que tu m'avais recommandée à lui et qu'il t'avait juré de m'épouser et de donner un nom à notre enfant.

Pourquoi mon père me cacha-t-il cette lettre tout d'abord? je l'ignore ; mais, au lieu de me menacer encore, comme il en avait l'habitude depuis que je lui avais avoué ma faute, il me prit dans ses bras et me dit de bonnes paroles, en ajoutant que le bon Dieu ne laissait jamais les pauvres gens dans la peine.

Un an s'écoula, ma fille venait et poussait comme ces fleurs sauvages qui sont d'autant plus vigoureuses qu'elles paraissent avoir été abandonnées.

Nous avions appris les désastres de la campagne de Russie en même temps que ta mort ; et Marcelin avait écrit que lui-même, après un combat acharné, avait été fait prisonnier par les Russes.

Un soir, au moment où les gens de la ferme se retiraient pour aller se coucher, mon père me fit signe de rester.

— J'ai à te parler, petite, me dit-il.

Je demeurai toute tremblante, et quand nous fûmes seuls, il me dit :

— Faut pourtant que tu te maries, la Myonnette.

Je me mis à fondre en larmes et ne répondis pas.

Mon père poursuivit :

— Le secret de ta faute n'est plus un secret pour personne, et nous avons beau dire que cette petite est une pauvre enfant que nous avons recueillie, tout le monde sait que c'est ta fille. Faut donc lui trouver un père.

— Son père est mort, répondis-je.

— Oui, mais en mourant il a fait son testament.

Et mon père me montra la lettre de Marcelin.

— Non! m'écriai-je, non! jamais je n'épouserai cet homme!

— Tu auras tort, car il sera colonel un jour ou l'autre.

— Je le sais! dis-je encore.

— C'est bien, va te coucher.

Je crus que mon père avait renoncé à son projet, et, en effet, il ne m'en parla plus.

Les événements politiques avaient marché, reprit madame de Bertraut; 1814 était arrivé, et l'empereur venait d'abdiquer au palais de Fontainebleau. Mais, dans nos campagnes, on ne savait pas au juste ce que cela voulait dire, et quand on nous annonça, un jour, qu'on avait changé la couleur du drapeau et que celui qu'on voyait maintenant à la mairie de Pré-Gilbert était blanc; qu'à la place de l'empereur il y avait un roi, et que M. de B..., un noble qui revenait de l'émigration, avait été nommé maire à la place du vieux Jean-Louis, mon père s'écria :

— Tout ça ne peut pas durer! l'empereur reviendra.

Je m'étais remise aux travaux des champs, et je ne rentrais à la ferme que le soir.

Ma petite Rose avait deux ans; elle courait toute seule à la ferme, tantôt dans la cour, tantôt dans les prés.

Quand j'étais absente, c'était la Suzanne qui en prenait soin; si la Suzanne était aux champs avec moi, une servante s'en chargeait.

Un soir, je revenais plus triste encore que de coutume, et songeant toujours à toi, que je croyais enseveli sous une couche de neige dans ce pays glacé d'où tu arrives.

La Suzanne vint au-devant de moi et me dit :

— Tu ne sais pas... Marcelin est de retour...

Je laissai échapper un cri d'effroi.

La Suzanne reprit :

— Et tu auras beau faire, va, mon oncle a mis dans sa tête que tu l'épouserais.

J'entrai dans la ferme pâle comme une morte.

Marcelin s'y trouvait.

Il était en grand uniforme de chef d'escadron et racontait ses aventures. Fait prisonnier par les Russes, il était demeuré en leur pouvoir jusqu'à l'abdication de Fontainebleau. Alors, il était allé offrir son épée au roi, qui l'avait fait commandant.

Il vint à moi et me dit :

— Anselme vous aimait bien, allez! mais il était mon ami, et il m'a chargé de veiller sur vous et votre enfant. Si vous ne voulez pas de moi comme mari, je serai votre frère.

Ce jour-là encore, je refusai la main de Marcelin.

Le lendemain la Suzanne me dit :

— Tu es perdue, ma fille, et il faudra que tu l'épouses...

— Mais, pourquoi?

— Hier soir, continua la Suzanne, pendant que tu étais couchée, ils sont restés à la cuisine; moi, j'allais et venais, et ne paraissais pas faire attention à eux.

— Beau-père, disait Marcelin, je vous réserve une surprise pour le jour de mes noces.

— Qu'est-ce donc? demanda mon oncle.

— Je veux vous faire nommer maire de Pré-Gilbert.

— Ah! reprit la Suzanne, si tu avais vu la figure épanouie de ton père quand il a entendu ça! Il n'a plus pleuré l'empereur, va; il s'est mis à crier : « Vive le roi! »

— Je ne veux pas épouser Marcelin, répondis-je. Je ne le veux pas, cela ne sera pas.

— Méfie-toi toujours, acheva la Suzanne.

Et nous nous en allâmes aux champs toutes deux.

Au retour, la servante qui gardait ma fille vint à ma rencontre.

— Ah! notre maîtresse, me dit-elle, si vous saviez...

Elle avait les yeux pleins de larmes et parlait d'une voix entrecoupée.

Je devinai un malheur et m'écriai :

— Ma fille! où est ma fille?

— Votre père l'a emmenée.

— Où donc? où est-il?

— Il est parti pour Auxerre avec l'officier.

Je me mis à pousser des cris, à fondre en larmes; je voulais courir après mon père. La Suzanne me dit :

— Ton père aime trop cette enfant pour lui avoir voulu faire du mal; il sera allé au marché, car c'est samedi aujourd'hui, et il aura mis l'enfant dans sa voiture.

Jusqu'au soir, j'attendis à demi morte d'angoisse et de frayeur.

Enfin mon père arriva :

— Ma fille! qu'avez-vous fait de ma fille? m'écriai-je en courant à lui.

Il était seul, et l'enfant n'était pas dans sa voiture.

— Ma petite! répondit-il, comme ta fille n'avait pas de père et que tu ne veux pas lui en donner un, comme je ne veux pas de bâtards dans ma famille, je l'ai menée à l'hospice des enfants trouvés.

Je me laissai tomber sur mes genoux, priant et pleurant et redemandant ma fille.

Mon père fut inflexible.

Alors je m'en allai à Auxerre, à pied, en compagnie de la Suzanne, et nous allâmes frapper à la porte de l'hospice. Je redemandai mon enfant à grands cris; mais on me regarda avec étonnement, et on me prouva, registres en main, qu'aucun enfant de l'âge et du signalement de ma fille n'avait été confié à l'hospice.

— Ah! me dit alors la Suzanne, je connais mon oncle : tu n'auras jamais ta fille.

La Suzanne avait raison.

Pendant deux mois, je priai, je suppliai vainement.

Mon père me disait :

— Moi seul, je sais où est l'enfant; épouse Marcelin, et je te le rendrai.

Je finis par céder, acheva madame de Bertraut, en se courbant plus encore devant le trompette.

Celui-ci était comme anéanti; cependant il secoua sa torpeur et s'écria :

— Mais tu le hais donc toujours, cet homme?

Elle frissonna de tout son corps à cette question.

— Ah! dit-elle, ne me demande pas cela, Anselme, ne me le demande pas!

Le trompette fut repris d'un accès de colère.

— Non, dit-il, je veux savoir...

— Que te dirai-je? reprit-elle. Nous étions mariés

depuis huit jours, quand nous partîmes pour Paris.

Marcelin me dit :

— Tu es encore une paysanne, mais tu es belle et distinguée, et je veux que tu sois digne de la position de ton mari.

Il me donna des maîtres de toutes sortes. En moins de deux ans, la Myonnette avait disparu, et la femme du colonel Marcelin, car il était devenu colonel pendant ce temps, pouvait être présentée partout.

Le roi avait pris Marcelin en grande amitié pendant les Cent jours.

Marcelin était allé à Gand et n'en était revenu qu'après Waterloo.

Il acheta Bertraut, ce petit château dont son père à lui avait été intendant, et dont le dernier propriétaire était mort sur l'échafaud révolutionnaire.

Le roi l'a autorisé à changer son nom de Marcelin en celui de Bertraut.

Enfin, il y a deux ans, au retour de la guerre d'Espagne, où il s'est distingué, le roi l'a fait baron, et il a promis de doter sa fille...

— C'est-à-dire que tu ne le hais plus ! s'écria Anselme.

— Eh bien ! balbutia la baronne, je ne sais pas si, comme tu le dis, c'est un traître et un misérable ; mais il a élevé ton enfant, il l'aime comme sa fille, et il a été si bon pour moi que, te croyant mort, je t'avais presque oublié.

— Ainsi, murmura le Galoubet d'une voix rauque, tu l'aimes.

— Non, dit-elle, mais je ne le hais plus.

— C'est-à-dire que tu as cessé de m'aimer ! acheva-t-il avec un éclat de voix qui fit trembler les murs de la chambre.

— Grâce ! grâce ! répéta-t-elle.

— Eh bien ! s'écria-t-il, reste avec lui... mais je veux mon enfant...

Mais, à ces paroles, madame de Bertraut, courbée jusque-là sous la honte et le remords, se redressa l'œil en feu :

— Ton enfant? dit-elle, elle n'est plus à toi !

— A qui donc est-elle ?

— A l'homme qui l'a élevée, qui la chérit et qu'elle vénère, à l'homme qui lui a donné toute sa fortune, et lui réserve une dot presque princière...

— De l'argent russe, de l'argent volé ! s'écria Anselme.

— Non, car c'est le roi qui a fait la fortune de mon mari.

Anselme eut un dernier accès de fureur.

— Je le briserai, cet homme ! dit-il.

— Ah ! c'est juste, fit la baronne avec amertume, tu rapportes les preuves de sa trahison.

— Oui, je les ai là.

Et il frappa sur son étui de fer-blanc

— Tu le feras passer devant un conseil de guerre, continua la baronne avec tristesse.

— Oui, dit encore le Galoubet.

— Et quand tu l'auras fait fusiller, ajouta madame de Bertraut, alors tu pourras réclamer ta femme et ton enfant : seulement, toutes deux seront déshonorées. Moi, je serai la veuve d'un homme livré au supplice.

Anselme fit un pas en arrière et regarda la Myonnette.

Celle-ci ajouta :

— Et quant à ta fille, si tu veux établir qu'elle n'est pas l'enfant de cet homme, il faudra bien que tu dises que c'est une pauvre enfant d'amour... et dans le monde où elle va vivre, crois-le, tous les déshonneurs se valent.

Cette logique terrible de madame de Bertraut écrasa le pauvre Anselme.

Il cacha sa tête dans ses mains, et des larmes brûlantes jaillirent au revers de ses doigts crispés.

Puis, tout à coup, il prit la main de la Myonnette :

— Tu as raison, dit-il, je ne le dénoncerai pas... je m'en irai... tu n'entendras plus parler de moi... adieu ! adieu... sois heureuse !

Puis il la repoussa et il courut vers la porte.

Mais, comme il allait sortir, Rose entra.

Elle était souriante et calme, la chère enfant, et en voyant le trompette qui avait les yeux pleins de larmes, elle s'arrêta, muette, interdite.

— O mon Dieu ! dit-elle ; mais qu'avez-vous donc ?

Elle regarda sa mère.

Madame de Bertraut était pâle et bouleversée, et ses yeux, encore rouges, disaient aussi qu'elle avait pleuré.

— Excusez-moi, mademoiselle, balbutia Anselme, mais j'ai tant souffert dans mon exil, que je n'ai pas toujours la tête bien solide.

— Mais vous pleurez, monsieur...

— Oui ; madame votre mère me parlait d'un pauvre soldat que nous avons connu... tous les deux...

— Un soldat...

— Oui, dit vivement la baronne... mais il est mort...

— Ah! fit la pauvre fille.

Et elle continua à les regarder tous deux.

Le trompette lui prit la main et la baisa, puis il lui dit d'une voix entrecoupée :

— Vous avez été bien bonne pour moi, mademoiselle... Le bon Dieu vous en récompensera... Adieu... Je prierai pour vous.

— Comment! s'écria Rose, vous partez?

— Oui!... Je suis reposé... Je ne suis plus las... Je peux me remettre en route...

— Mais, monsieur, s'écria la jeune fille, il faut que vous voyiez mon père!

— Ton père est absent, mon enfant, dit la baronne. Il ne reviendra que demain.

— Eh bien! monsieur l'attendra?

— Non, non, dit le pauvre Galoubet, c'est inutile, mademoiselle; d'ailleurs, j'ai réfléchi.

— A quoi?

— Que je ferais mieux d'aller jusqu'à Paris, au ministère de la guerre, tout droit, c'est plus simple.

— Mais, dit-elle encore, la recommandation de mon père vous ouvrira toutes les portes.

— Mon enfant, balbutia la baronne, tu sais bien que ton père n'aime pas les soldats de Napoléon.

— Il vous aimera, vous... dit la jeune fille.

Et elle lui pressa affectueusement les deux mains.

Le cœur du trompette se fendit :

— Ah! vous êtes un ange du bon Dieu! dit-il.

Et il la prit dans ses bras et la baisa sur le front.

Puis il s'arracha à cette étreinte.

— Non, dit-il, je suis un pauvre fou, laissez-moi partir.

Mais alors ce fut la baronne qui le retint.

— Monsieur, lui dit-elle, le général ne reviendra que demain soir... et si vous ne voulez point le voir, ce que j'approuve, du reste, car je n'ai pas les illusions de ma fille, vous ne refuserez pas, du moins, l'hospitalité que nous vous offrons jusqu'à demain matin.

Anselme fut vaincu par ces derniers mots.

Il regarda alternativement cette femme qui avait été jeune, cette enfant qui était son enfant et devait l'ignorer toujours, et bien qu'il fût décidé à son horrible sacrifice, bien qu'en considérant ses haillons, il eût compris qu'il ne pourrait jamais dire à cette belle et élégante jeune fille : « Je suis ton père, » il n'eut pas le courage de partir ce jour-là.

Ce qu'il souffrit de tortures étranges, ce qu'il éprouva de joies délirantes en même temps, durant cette soirée qu'il passa entre ces deux femmes, et qui était pour lui la dernière, nul ne saurait le redire.

Puis, quand il les quitta, quand il gagna cette chambre qu'on lui avait préparée, en lui disant adieu, il se prit à faire un souhait bizarre et cruel :

— Si Dieu était bon, se dit-il, il me ferait mourir dans mon lit. Au moins elles m'enseveliraient.

. . . .

Il était jour à peine lorsque Anselme ouvrit sa fenêtre.

Dieu ne l'avait point exaucé, et la mort n'était pas venue le surprendre dans son sommeil, car il avait dormi, le malheureux, malgré son désespoir. La nature avait eu le dessus sur l'âme, et pendant plusieurs heures il avait été l'objet de mille rêves; des rêves qui justifiaient le proverbe que le ciel envoie de doux songes à ceux qui sont les plus misérables à l'heure du réveil.

Il avait revu son pays et la ferme de Crisenon, et auprès de lui, Rose, sa chère fille, qui lui souriait et l'appelait « mon père. »

Le réveil l'avait ramené au sentiment de la triste réalité ; il se leva, s'habilla, et se mit un moment à la fenêtre. La fenêtre donnait sur un jardin où commençaient à piauler joyeusement une centaine de moineaux et de merles.

Au delà des murs du jardin on apercevait les plaines et les collines boisées du pays alsacien.

Les laboureurs partaient pour les champs, les troupeaux sortaient en secouant leurs sonnettes, l'*Angelus* tintait au clocher d'une église rustique, perdue sous un massif d'arbres, aux pieds d'un coteau.

Anselme soupira ; puis il fit un violent effort sur lui-même.

— Allons ! murmura-t-il, il faut partir !

Et il sortit sans bruit de sa chambre.

Tout dormait encore dans l'hôtel ; du moins le pauvre trompette le crut.

Il descendit l'escalier en assourdissant ses pas, en retenant son haleine.

— Ah ! pensait-il, si je les revoyais... je n'aurais plus le courage de partir.

Il atteignit la porte qui donnait dans les bureaux du général, qu'il fallait traverser pour sortir de l'hôtel.

Une minute encore, et il serait hors de cette maison, et il aurait dit un éternel adieu à cette femme et à cette enfant qui lui avaient appartenu et qui n'étaient plus à lui...

Mais soudain une apparition se dressa devant lui et le fit reculer.

C'était Rose.

Rose, la belle et naïve enfant qui, la veille, lui avait témoigné tant d'affection ; Rose, sa fille, qu'il ne devait plus revoir...

Rose était triste et solennelle et paraissait avoir vieilli de dix années en une nuit :

Elle jeta ses bras au cou du pauvre soldat, lui mit un ardent baiser sur ses joues, et lui dit :

— Ma mère m'a tout avoué, je sais que vous êtes mon père.

Il chancela sous le coup, comme s'il eût été frappé de la foudre, et il la regarda d'un air hébété.

Mais elle lui dit encore :

— Oui, je sais que vous êtes mon père... Partons !

— Partons... balbutia-t-il... Tu veux partir ?...

— Sans doute, répondit-elle en se suspendant à son cou ; est-ce qu'une fille ne doit pas suivre son père ?

VIII

Ils étaient un soir réunis à la ferme, tous les gens de Crisenon, — ceux qui restaient, du moins, car plusieurs étaient morts, et d'autres étaient partis.

Il y avait encore François le Manchot, le maître, et Amand Juilly, et Lauget, et la Suzanne, et les nouveaux que nous n'avons pas connus.

Mais la Marianne était morte, un matin de Toussaint, il y avait trois ans, et le père Aubin, qui taillait les vignes, était mort aussi, et les deux amoureux d'autrefois s'en étaient allés, c'est-à-dire la Myonnette et le Galoubet.

Le Galoubet, tout le monde le croyait mort, mais la Myonnette, chacun savait ce qu'elle était devenue, et on devisait tristement ce soir-là, devant un feu d'automne, car les premières gelées avaient fait tomber la feuille des vignes, et le matin, les prés étaient blancs.

Nous disons tristement, car il y avait bien longtemps qu'on ne riait plus à la ferme de Crisenon.

François le Manchot était bien vieux maintenant, surtout depuis qu'il n'était plus maire de Pré-Gilbert.

La vanité avait été la dernière passion du vieux soldat.

— Ah! mes pauvres enfants, disait-il ce soir-là, j'aurais bien dû mourir dix années plus tôt, allez!

— Et pourquoi donc ça, notre maître? demanda le naïf Amand Juilly.

— Parce que je suis quasiment de trop en ce monde. Ma femme est morte... je n'ai plus de fille...

— Comment? fit Lauget le bouvier, et madame la baronne, notre maître, vous la comptez donc pour rien?

— Cré mâtin! s'écria Amand Juilly, ce n'est pas le père Ulysse le rebouteux, qui est sorcier, comme chacun sait, qui aurait deviné jamais que Marcelin, qui était quasiment un paysan comme nous, deviendrait un jour général, et que la Myonnette, qui nous aidait à battre en grange, les pieds nus dans ses sabots, s'appellerait madame la baronne.

— Qu'est-ce que cela me fait, si je ne la vois plus?...

— C'est vrai tout de même, reprit Amand, que la fortune tourne joliment la tête; et c'est pourtant la vérité, que la Myonnette n'est jamais revenue... depuis qu'elle est mariée.

— Elle me laissera mourir sans me dire adieu, dit tristement François le Manchot.

— Mais quand vous l'êtes allé voir, il y a deux ans, à Paris, est-ce qu'elle ne vous a pas fait amitié?

— Elle, je ne dis pas, mais son mari a été bien dur, allez! car vous savez, mes enfants, pourquoi j'étais allé à Paris?

6.

— Oui, dit Amand, rapport à la mairie qu'on vous avait ôtée.

— Justement.

— Cependant, quand on est le beau-père d'un général, on n'est pas destitué comme ça.

— Je ne l'aurais pas été, si Marcelin avait seulement voulu me donner un coup de main, soupira François le Manchot, qui regrettait toujours son écharpe.

— Et la petiote! dit Lauget le bouvier, doit-elle être grande, hein?

— Rose? fit le vieillard, dont les yeux s'emplirent de larmes tout à coup; oh! la chère enfant du bon Dieu... Elle m'a bien reçu, celle-là, et elle m'a appelé grand-père dans le salon tout doré où j'étais entré avec mes sabots, ce qui fit rire les domestiques, pâlir Marcelin et rougir la Myonnette. Ah! s'ils avaient voulu me la donner!... Mais non, je suis seul, bien seul... ni femme, ni enfants...

La Suzanne se leva et vint présenter son front au vieillard.

— Et moi, notre oncle, dit-elle, suis-je pas aussi votre fille?

— Tu es une bonne femme, toi, répondit François le Manchot, qui embrassa sa nièce.

La Suzanne avait alors trente-deux ans; mais elle était toujours jolie, et les amoureux ne lui avaient pas manqué, mais à tous elle avait répondu : « Mon oncle a besoin de moi à la ferme, et je ne le laisserai pas vivre seul, à son âge. »

— Ah! reprit le vieillard avec tristesse, faut-il que j'aie été assez malheureux pour ne pas t'écouter autrefois!

— C'est vrai tout de même, mon oncle, murmura Suzanne, qui essuya une larme ; si vous aviez racheté le pauvre Galoubet, il eût épousé la Myonnette, et la maison, en place d'être vide et déserte, qu'on dirait un cimetière, serait pleine d'enfants qui monteraient sur vos genoux.

— Pauvre Galoubet! dit Amand Juilly, faut-il qu'il n'ait pas eu de chance, tout de même!

— Ah! fit Lauget le bouvier, il ne voulait pas partir, et faut croire qu'il avait le pressentiment de son sort.

— Et pourtant, reprit François, il paraît qu'il s'est bien conduit.

— Moi, dit Suzanne émue, je donnerais volontiers tout mon sang pour le ressusciter. Pauvre Galoubet.

— Avec tout ça, reprit Amand Juilly, on n'a jamais eu la vraie preuve de sa mort?

— Comment? dit François le Manchot, mais puisqu'il est trépassé dans les bras de Marcelin.

La Suzanne secoua la tête.

— Je n'ai jamais cru ça, moi, dit-elle.

— Ni moi, fit Amand.

— Enfin, dit Lauget le bouvier, s'il n'était pas mort, il serait revenu un jour ou l'autre...

Comme ils causaient ainsi, on entendit des pas au dehors.

— Tiens! dit le fermier, c'est pour sûr le médecin de Pré-Gilbert qui s'en est allé à Trucy et qui veut que nous le passions de l'autre côté de l'Yonne.

Amand se leva.

On frappa à la porte, Amand ouvrit.

— Jésus Dieu! s'écria-t-il.

Et il recula comme s'il eût vu sortir un mort du tombeau.

Bien qu'il fît nuit depuis longtemps, il faisait un si beau clair de lune, qu'on y voyait clair comme en plein jour.

Or, Amand Juilly venait d'apercevoir un homme sur qui s'appuyait une jeune fille.

L'homme était déguenillé; la jeune fille marchait pieds nus.

Au cri d'Amand, la Suzanne sortit à son tour et jeta une exclamation de surprise et presque d'effroi :

— Ah! Seigneur! dit-elle, on dirait que le bon Dieu vient de faire un miracle.

François le Manchot sortit à son tour, et la jeune fille se jeta dans ses bras.

— C'est moi, grand-père... moi, ta petite Rose... et je t'amène mon vrai père... Anselme... qui a été quinze ans prisonnier en Russie.

Ce fut une scène touchante et simple que celle qui suivit.

La Suzanne se trouva mal. Amand, qui avait d'abord pris la fuite, croyant à un vrai revenant, Amand rebroussa chemin et vint se jeter au cou du Galoubet.

François le Manchot s'était assis sur un escabeau, il avait pris Rose sur ses genoux, et il pleurait comme un enfant. Ce soir-là on se coucha tard à la ferme.

Anselme racontait sa terrible odyssée et ses souffrances; le vieux soldat devenu fermier l'écoutait et le faisait recommencer sans cesse.

Enfin le fermier s'écria :

— Je puis mourir à présent, puisque le bon Dieu m'a envoyé un fils et une fille !

— Oui, grand-père, répondit Rose, je serai fermière, et mon père se souviendra de son ancien métier. Nous serons tous les deux ton bâton de vieillesse, et je veux oublier toutes les belles choses qu'on m'a enseignées, car je suis désormais une paysanne, et je serai bien heureuse de le demeurer.

Le bonheur est ici, dit le Galoubet, qui donna une dernière larme au souvenir de la Myonnette.

Et, le lendemain, en effet, modeste Cincinnatus, il retourna à sa charrue.

Il y avait huit jours que le Trompette de la Bérésina était de retour à Crisenon, et le bruit de son arrivée et sa merveilleuse histoire avaient fait la traînée de poudre.

On se racontait les aventures du trompette, de Mailly-la-Ville à Cravant et de Vermanton à Coulanges-la-Vineuse.

Anselme rentrait à la ferme vers midi, conduisant une charrette pleine de bourrées; l'hiver s'annonçait rude, et il convenait de s'approvisionner de bois.

Comme son attelage restait dans la cour de la ferme, Anselme aperçut le facteur rural qui, appuyé sur son bâton, buvait un verre de vin que la Suzanne lui avait versé, sur le pas de la porte.

Le facteur, le postillon plutôt, pour nous servir de l'expression bourguignonne, dit au Galoubet :

— Mon garçon, voici une lettre que M. le comte de B..., le maire de Pré-Gilbert, m'a remise pour toi ce matin. Je ne sais pas ce qu'elle contient, mais j'ai une idée que ce n'est pas une mauvaise nouvelle, car M. le comte m'a dit en me la donnant :

— Dis-lui bien qu'il peut perdre sa journée...

Anselme ouvrit la lettre tout tremblant et fut pris à la gorge d'une émotion subite.

Mais la lettre ne contenait que deux lignes. Le maire priait Anselme de se rendre chez lui le plus tôt possible.

— Père, lui dit Rose, je vais avec toi.

Et elle suivit Anselme à Pré-Gilbert.

M. de B... était un de ces gentilshommes de la vieille roche que n'avait atteints aucun préjugé.

Il avait émigré parce que c'était son devoir de garde du corps ; mais, après la dissolution de l'armée de Condé, il était revenu en France et n'avait plus quitté son pays.

Il reçut Anselme avec une cordialité et une politesse qui semblaient vouloir combler la distance qui séparait le vieux noble du lieutenant de l'Empire.

— Monsieur Anselme, lui dit-il en posant la main sur un pli volumineux qu'il avait reçu la veille et qui portait le timbre du ministère de la guerre, avant de vous communiquer les lettres que voilà et qui vous concernent, permettez-moi de vous faire quelques questions.

— Je suis à vos ordres, monsieur, répondit Anselme.

— Vous étiez prisonnier au Caucase ?

— Oui, monsieur le comte.

— Et c'est le grand-duc Nicolas qui vous a rendu la liberté ?

— Oui, répondit Anselme.

— Je dois vous dire, poursuivit le maire du Pré-Gilbert, que le frère du czar ne s'est pas borné à vous renvoyer dans votre pays. Dans la crainte qu'il ne vous arrivât quelque malheur ou quelque accident pendant votre voyage, et si j'en crois votre histoire qu'on raconte dans le pays et qui est venue jusqu'à moi, il ne se trompait pas...

— En effet, dit Anselme, j'ai été dépouillé par une troupe de Turkomans, et j'ai fait la route à pied, dénué de toutes ressources.

— Dans cette crainte, dis-je, reprit M. de B..., le frère du czar, mû par un grand sentiment de justice, a écrit directement à Paris.

L'ambassadeur russe s'est occupé de vous et vous a pris sous sa protection. On a fait des recherches au ministère de la guerre, on a retrouvé votre nom sur les matricules de votre ancien régiment, et on a pu constater ce que l'empereur avait fait pour vous. Car c'est bien vous, n'est-ce pas, le trompette qui, deux fois, passa la Bérésina à la nage, dans la nuit du 26 au 27 novembre 1812 ?

— C'est bien moi, répondit Anselme. L'empereur, après ma première traversée, me décora et me fit lieutenant.

— Oui, dit le maire, mais ce n'est pas tout.

— Quoi donc encore ? fit Anselme, qui eut un battement de cœur.

— Pendant que vous étiez reparti, l'empereur dit à son chef d'état-major :

— Vous porterez le lieutenant Anselme pour le grade de commandant.

— Commandant ! exclama le pauvre trompette.

Le maire poursuivit :

— Après le passage de la Bérésina, deux versions coururent sur vous dans l'armée :

L'une vous disait mort ; l'autre prétendait que vous aviez été fait prisonnier.

Alors l'empereur écrivit de sa main sur la feuille qui mentionnait votre absence :

« Si le commandant Anselme, du 3e chasseurs à cheval, reparaît jamais, ma volonté est qu'il soit fait officier de la Légion d'honneur et baron. »

Anselme chancelait et levait sur M. de B... un œil hagard.

— L'empereur, à Sainte-Hélène, vous a compris dans le nombre des serviteurs fidèles à qui il a laissé une partie de sa fortune.

— Ah! c'en est trop! mille fois trop! murmura le trompette en larmes.

M. de B... ouvrit alors le pli ministériel et étala devant Anselme les lettres-patentes qui le créaient baron et la croix d'officier de la Légion d'honneur.

— Monsieur le baron, lui dit-il, le roi acquitte la dette de l'empereur, et, au nom de la France, je suis chargé de vous offrir du service dans la nouvelle armée, et le grade de lieutenant colonel.

Anselme jeta un cri et regarda sa fille.

— Mon Dieu! dit-il, tu seras donc encore une demoiselle! car je deviendrai général, va!

Mais Rose repoussa doucement les lettres-patentes et ne prit que la croix, qu'elle attacha elle-même sur la blouse du Galoubet.

— Non, dit-elle, retournons à la ferme, j'aime mieux être la fille du trompette de la Bérésina.

IX

Il s'est écoulé trois mois depuis que le trompette Anselme a quitté, un matin, l'hôtel du général baron de Bertraut, suivi par sa fille, la petite Rose.

Le général, en revenant ce jour-là de sa tournée d'inspection, fut frappé d'un coup terrible et inattendu.

Les domestiques ne voulaient pas le laisser pénétrer dans la chambre de sa femme.

Il les repoussa et entra, devinant un malheur.

En effet, un grand malheur venait d'arriver ; madame de Bertraut était folle.

Elle riait et pleurait tout à la fois ; elle ne reconnut pas son mari, et, quand le général consterné lui demanda où était sa fille, elle répondit avec un éclat de rire navrant qu'elle n'avait jamais eu d'enfant.

Le général questionna vainement ses gens pour savoir ce qui s'était passé.

Tout ce qu'on put lui apprendre, c'est qu'il était venu

la veille un homme en haillons que la baronne et sa fille avaient reçu comme s'il était un parent ou un ami ; que, le lendemain matin, cet homme était sorti de l'hôtel avant que personne fût levé, et que, lorsque les domestiques étaient descendus, ils avaient trouvé la baronne évanouie dans la chambre de sa fille, qui avait disparu.

La baronne continuait à rire en pressant dans ses doigts convulsifs une lettre que le général lui arracha.

C'était la lettre d'adieu de Rose, qui annonçait à sa mère qu'elle suivait son vrai père et retournait avec lui à la ferme de Crisenon.

Le général tourna deux ou trois fois sur lui-même, comme un arbre déraciné par le feu du ciel, et on crut qu'il allait tomber.

Mais il se redressa, éloigna d'un geste impérieux les domestiques et voulut rester seul avec sa femme.

Depuis ce jour-là, personne n'a vu la baronne, qui est toujours folle. Le baron se sert lui-même, et sans doute il craint que la pauvre aliénée ne trahisse, au milieu de ses paroles incohérentes, quelque horrible secret.

Il a demandé son changement, et il commande aujourd'hui une subdivision sur l'extrême frontière de la Lorraine allemande. La petite ville où il réside est à trois lieues de l'Allemagne.

On y parle allemand, et le général ne reçoit jamais personne. Il a renvoyé ses anciens domestiques, et il n'a à son service que des gens du pays qui ne savent pas le français.

Il est nuit, la terre est couverte de neige, et le froid de janvier sévit dans toute sa rigueur.

Cependant le général est seul dans son cabinet, la fenêtre ouverte, et il ne s'est pas aperçu que son feu était éteint depuis longtemps.

Depuis trois mois, la vie du général est devenue une longue agonie; s'il détourne un moment les yeux de cette malheureuse créature qu'il aime encore et qui a sans cesse à la bouche le nom du Galoubet, c'est pour être en proie à d'effrayantes angoisses.

Anselme vit... Anselme a sans doute le secret de sa trahison, et qui sait s'il n'a pas livré ce secret?

Le général, alors, voit se glisser tout à coup devant lui ce tribunal suprême et presque toujours sans merci pour un traître, qu'on nomme le conseil de guerre. Il se voit dégradé et conduit au Champ de Mars pour y subir le châtiment de son crime.

Il n'a pas osé aller à Paris. Chaque fois qu'un pli ministériel lui arrive, il tressaille, et ses mains se prennent à trembler en brisant le cachet.

Marcelin est donc seul, la nuit est silencieuse; la petite ville qu'il commande dort sous la protection du drapeau français. La maison du général est située près du rempart, et ses fenêtres donnent sur la campagne.

Tout à coup un bruit s'est fait dans le lointain : c'est le galop d'un cheval.

Marcelin se dresse frémissant, et son cœur se serre. Ce cheval qui galope n'est-il pas un messager de malheur? Le galop s'éteint sous les fenêtres; le cavalier s'est arrêté à la porte du général; il parlemente avec le planton d'ordonnance, il dit :

— Il faut que je voie le général sur l'heure !

— Monsieur, lui dit celui-ci lorsqu'il s'est enfermé avec lui dans le cabinet du général, j'ai fait cent cinquante lieues à franc étrier, et vous n'avez pas une minute à perdre.

— Que voulez-vous dire? demanda Marcelin, qui est devenu pâle comme la mort.

— Vous avez des amis encore, reprend l'officier, et des amis qui veulent vous sauver. Le ministère est saisi d'un accusation terrible qui pèse sur vous. Vous auriez livré les secrets de l'armée française au maréchal Wittgenstein après avoir cru tuer un homme qui a survécu à sa blessure. Je vois à votre visage livide que l'accusation n'est que trop fondée; j'ai une heure d'avance sur l'officier qui est chargé de vous retirer votre commandement et de vous arrêter. Si vous avez un bon cheval, sautez dessus et passez la frontière; dans une heure, il serait trop tard.

Marcelin, éperdu, appelle un de ses gens et lui ordonne de seller ses chevaux; puis il passe dans la chambre de sa femme.

La folle est levée, habillée; elle divague et parle d'aller au mariage de la Myonnette et du trompette Galoubet, qu'on célèbre au point du jour dans l'église de Pré-Gilbert.

— Venez, madame, lui dit le général, qui se sert de cette hallucination qui vient de s'emparer d'elle.

La couche de neige est épaisse, les chevaux enfoncent jusqu'aux genoux. Une bise glacée fouette le général au visage.

Mais il galope, galope avec furie, tenant la bride du cheval de la Myonnette, qui continue à dire :

— Le curé de Pré-Gilbert est en retard... Il devrait sonner l'*Angelus!*

Et se souvenant de sa jeunesse de paysanne, pendant

laquelle elle montait sur la croupe nue des poulains morvandiaux et percherons, la folle cingle son cheval à coups de cravache.

Le général enfonce l'éperon aux flanc de sa monture, mais la frontière est loin encore; la plaine est déserte, et déjà, à l'horizon, glissent les premières clartés de l'aube.

L'horizon est borné par une forêt, comme cet autre horizon que, quinze années auparavant, le lieutenant Marcelin et le trompette Anselme avaient devant eux sur la rive droite de la Bérésina.

Sur la neige durcie des jours précédents, il est tombé une couche de neige fraîche qui fait broncher les chevaux à chaque pas.

Celui de la Myonnette s'abat, mais la Myonnette se relève saine et sauve.

Quant au cheval, il s'est cassé la jambe.

Le général prend sa femme en croupe et continue à galoper.

Mais la folie de la Myonnette a changé d'aspect; elle ne demande plus si on approche de l'église de Pré-Gilbert; elle ne parle plus de la Myonnette et du Galoubet.

Le récit de ce dernier, ce récit étrange qu'elle a entendu dans son dernier jour de raison, lui trotte maintenant par la tête.

Écoutez-la :

— Ah! Marcelin, dit-elle, Marcelin... comme la France est loin!... et les Russes qui nous poursuivent... Entends-tu le canon... là-bas... derrière les arbres?... C'est Corbineau qui vient au secours de l'empereur... car l'empereur passera la Bérésina, n'est-ce pas?... Tu ne le livreras pas... tu ne le trahiras pas! non; mais qui donc a dit que Marcelin était un traître?... Marcelin est un brave soldat... Ah! ah! ah!

Et la folle étreint le général, qui ensanglante les flancs de son cheval.

— Les Russes!... les Russes!... reprend la folle; entends-tu les Russes? Ils galopent derrière nous... Marcelin!... Marcelin!... Corbineau nous attend!... Vive l'empereur!

— Tais-toi! malheureuse! tais-toi... murmure le général affolé; ce ne sont pas les Russes... c'est le conseil de guerre...

Et il galope toujours, mais la frontière est loin encore.

Le jour grandit, le cheval tombe épuisé.

Alors le général se relève et prend sa femme dans ses bras, emportant les pistolets qui se trouvaient dans les fontes de sa selle.

— Les Russes! les Russes! répète la folle avec terreur.

Marcelin continue sa route à pied, tombant parfois, se relevant pour tomber encore, car il a de la neige jusqu'aux genoux.

Enfin, il atteint une haie. De l'autre côté est un fossé, au delà du fossé un poteau.

Ce poteau indique l'Allemagne. Le traître a passé la frontière...

Et alors, épuisé, à demi mort, il se laisse tomber, et la folle s'empare de ses pistolets et joue avec leurs batteries.

Tout à coup, la Myonnette se dresse haletante, le cou tendu :

— Entends-tu? dit-elle, entends-tu?

— Je n'entends rien, répond le général accablé.

— C'est la trompette du Galoubet... Entends-tu?

Et elle prête l'oreille à ces sons imaginaires perceptibles pour elle seule.

Le général se relève après un instant de repos et continue sa marche.

La folle le suit.

— Marcelin! Marcelin! crie-t-elle tout à coup, le vois-tu... là-bas? le vois-tu?

— Qui donc? demande le général.

— Le Galoubet, Anselme!... le trompette... Ne le vois-tu pas sur son cheval blanc?... Il galope... il galope... là-bas... au bord de la forêt... il arrivera... A nous Corbineau!... Vive l'empereur!

— Je ne vois rien, dit le général... marchons. Le Galoubet est mort!...

— Oui... c'est vrai... répond la folle avec un éclat de rire strident, c'est vrai... il est mort.... c'est toi qui l'as tué... assassiné... Le Galoubet n'avait omis qu'une chose dans son récit, — le crime de Marcelin.

Et elle lève un des pistolets, et, dans un dernier accès de folie, elle presse la détente.

Le coup part, un éclair brille, un cri se fait entendre!... et le général Marcelin tombe frappé d'une balle entre les deux épaules, comme autrefois le trompette de la Bérésina.

Mais Marcelin est mort, lui; et la justice divine s'est servie pour le punir de la main d'une folle!

On voyait encore, il y a dix ans, à l'hospice des aliénés d'Auxerre, une femme aux cheveux blanchis, que ses compagnons d'infortune appelaient dérisoirement la *baronne*.

Tous les dimanches, une autre femme, encore jeune et belle, donnant le bras à un grand vieillard qui avait conservé la tournure militaire et portait fièrement une rosette d'officier de la Légion d'honneur sur sa veste de paysan, venaient visiter la pauvre folle, qui s'éteignit un soir dans leurs bras en souriant.

FIN DU TROMPETTE DE LA BÉRÉSINA

LA MARE AUX FANTOMES

LA MARE AUX FANTOMES

―――

I

La *mare aux Fantômes* est un étang qui s'allonge entre deux chaînes de collines, en basse Normandie, à quelques lieues du mont Saint-Michel. La mer n'est pas loin; on l'entend, par les nuits calmes, mugir et se briser au pied des falaises. Sur la rive droite de l'étang, au midi, se dresse le manoir de Ploërnec.

Sur la rive gauche, au nord, les tourelles du Kerlandon s'élèvent blanches et coquettes au milieu d'une forêt de chênes blancs.

Ploërnec et Kerlandon, deux constructions féodales, se contemplent à une demi-lieue de distance et mirent leurs créneaux, par les belles nuits d'été, dans les eaux de la mare aux Fantômes qu'éclairent les rayons de la lune.

Sous le règne de Louis XV, le *Bien-Aimé*, dit l'histoire, deux races de Ploërnec possédaient les deux manoirs.

Celui qui portait le nom de la famille, c'est-à-dire celui qui se dressait au midi de l'étang, appartenait au sire de Ploërnec-Ploërnec, ancien capitaine aux gendarmes du roi et seigneur de tout le pays environnant à près de dix lieues à la ronde.

L'autre, Kerlandon, était le domaine des petits Ploërnec, comme on disait dans la contrée, c'est-à-dire de la branche cadette de cette famille qui n'est point sans illustration dans l'histoire des provinces de Bretagne et de Normandie.

Le grand-père du sire de Ploërnec-Ploërnec avait deux fils.

L'aîné eut le manoir de Ploërnec et huit seigneuries; le second, le château de Kerlandon et une seigneurie unique.

Ce qui fit qu'à cinquante années de distance, les Ploërnec-Ploërnec étaient riches et les Ploërnec-Kerlandon fort pauvres.

Mais un de ceux-là, c'est-à-dire le cousin germain du Ploërnec capitaine aux gendarmes, après un premier mariage duquel il eut un fils qui fut appelé René, épousa en secondes noces une riche héritière du pays de Tréguier, en Bretagne, qui lui donna un second fils qui reçut au baptême le nom armoricain de Mariaker.

Le sire de Ploërnec-Kerlandon étant mort, René, qui avait vingt ans sonnés, demanda sa *légitime* en argent, abandonna pour quelques milliers d'écus ses droits sur Kerlandon à son frère Mariaker, et s'en alla chercher fortune à Paris.

Plus de six années s'écoulèrent sans qu'on entendît parler de lui.

Le sire de Ploërnec-Ploërnec, veuf de bonne heure, avait eu trois enfants, un fils et deux filles.

Entre les deux races de Ploërnec, il y avait peu de sympathie ; quelques discussions d'intérêt avaient même brouillé le capitaine aux gendarmes et le père de Mariaker.

Un douloureux événement rapprocha momentanément les deux familles.

A peu près à l'époque où René, l'aîné des Ploërnec-Kerlandon, s'en allait à Paris, Yvonne de Ploërnec, la fille aînée du sire de Ploërnec-Ploërnec, se noya dans la mare aux Fantômes.

On trouva sur la berge son chapeau de paille et son fichu rouge, mais on ne put, malgré toutes les recherches, retrouver son corps.

Bien des bruits coururent sur cet événement.

Les bonnes femmes des pays voisins prétendirent que la demoiselle Yvonne avait obéi, en se *périssant*, à un désespoir d'amour.

D'autres soutinrent que les mauvaises fées qui folâtrent dans l'étang, au clair de la lune, pendant les nuits d'hiver, avaient enlevé la demoiselle pour la punir d'avoir dit, un soir à une *assemblée*, qu'elle ne croyait ni aux fées, ni aux fantômes, ni aux sorciers.

Mariaker, qui n'avait jamais vu son oncle à la mode de Bretagne, le sire de Ploërnec, prit prétexte de ce malheur pour lui rendre visite et lui offrir ses consolations.

Le Ploërnec-Ploërnec le reçut froidement, mais il lui ouvrit sa maison.

Mariaker avait dix-sept ans; c'était un bon et brave jeune homme, craignant Dieu, modeste en ses goûts et d'un cœur aimant.

Il vit Marthe, sa jeune cousine, la sœur de la malheureuse Yvonne, et il en devint amoureux.

Marthe avait alors quatorze ans; elle était belle comme une matinée de printemps; elle avait un sourire d'ange et le chaste regard d'une fille saintement élevée.

Le sire de Ploërnec-Ploërnec ne tarda pas à s'apercevoir de l'amour de Mariaker pour sa cousine.

Alors toutes les vieilles rancunes qu'il avait nourries contre les Ploërnec-Kerlandon se réveillèrent, et il défendit sa porte à Mariaker.

Pendant trois années, le pauvre Mariaker erra comme une âme en peine, tantôt sur l'étang, tantôt dans une barque, tantôt dans les bois aux alentours du manoir de Ploërnec.

Mais le vieux Ploërnec-Ploërnec avait eu soin de mettre sa fille à l'abri de la séduction. Il l'avait envoyée au couvent des Carmélites de Nantes, où elle devait rester jusqu'à sa vingtième année.

Mais les hommes proposent et Dieu seul dispose.

Un nouveau malheur, malheur terrible, irréparable pour un gentilhomme qui tient à la continuation de sa race, — vint frapper M. de Ploërnec-Ploërnec.

Son fils, Amaury de Ploërnec, mousquetaire du roi, fut tué en duel à Versailles, le jour de la Saint-Louis.

Le sire de Ploërnec-Ploërnec faillit en mourir.

— Ma race va-t-elle donc s'éteindre, ô mon Dieu? murmura-t-il en pliant les deux genoux.

Alors il songea à Mariaker, — à Mariaker qu'il avait chassé, — à Mariaker qui, comme lui, était un Ploërnec.

Et le vieillard se réconforta le cœur et l'esprit à cette pensée, et il se dit :

— Non, non, Ploërnec ne s'éteindra point. Je donnerai ma fille Marthe à Mariaker, et la noble maison de Ploërnec sera plus puissante que jamais.

Il manda le jeune homme, et le jeune homme accourut.

Le vieillard lui ouvrit les bras et lui dit :

— Tu seras mon fils. Quand Marthe aura vingt ans, elle sera ta femme.

Or, trois autres années s'écoulèrent encore, et c'est au moment où Marthe de Ploërnec-Ploërnec venait de sortir du couvent que commence notre histoire.

C'était par une froide nuit d'hiver.

La neige couvrait les toits du manoir de Ploërnec, et les serviteurs du château, rangés autour de la vaste cheminée de la cuisine, devisaient en mangeant de la galette de blé noir arrosée d'un pichet de cidre.

— Mes enfants, disait un vieux garde-chasse, monseigneur me donnerait bien une part de son héritage pour m'en aller ce soir à Saint-Landry, le plus proche village, que je refuserais net.

— Il est de fait, répliqua François, le bouvier de la ferme, que le froid est dur, père Gervais.

— Oh! ce n'est pas le froid que je crains.

— Qu'est-ce donc? demanda Madelonnette, la chambrière de mademoiselle Marthe, — une jolie fille du pays nantais qui avait l'œil bleu, le rire mutin, les dents blanches et les cheveux noirs.

— Je ne voudrais pas rencontrer les *masques rouges*.

A ce nom, il y eut comme un frisson d'épouvante dans l'assemblée.

— Bah! dit un jeune gars aux cheveux en broussaille, à la mine éveillée, à l'œil plein de feu, tout le monde en parle de ces fameux masques rouges, et personne, je crois, ne les a jamais vus.

Le vieux garde haussa les épaules.

— Tu les verras quelque jour, méchant merle, dit-il, et tu mourras de peur à la minute.

— Moi? fit l'enfant avec dédain. Vous n'êtes pas dans votre bon sens, père Gervais. Vous savez bien que Merlinet n'a jamais eu peur de rien.

Et, en effet, l'enfant qui n'avait guère que quinze ans avait l'œil et le sourire intrépides.

— Il est certain, murmura François le bouvier, que Merlinet n'a pas froid aux yeux.

— Il aura froid quand il verra les masques rouges, ricana le garde-chasse.

— Ah çà! voyons! fit Merlinet, faudrait nous entendre un peu, cependant. Qu'est-ce que les masques rouges?

— Des brigands! répondirent plusieurs voix.

— Des assassins! ajouta François le bouvier.

La jolie Madelonnette, qui s'était gentiment pelotonnée au coin du feu et chauffait son petit pied délicatement chaussé, prit alors la parole.

— Vous n'y êtes pas, dit-elle. Les masques rouges ne sont pas des voleurs; du moins c'est mademoiselle qui le dit.

— Qu'est-ce donc?

— Ce sont des gens qui tiennent pour l'indépendance du Parlement et des États contre l'autorité du roi.

— C'est pour cela qu'ils pillent les gabelles et assassinent les receveurs de tailles, hein?

— Ma petite, dit sentencieusement le garde-chasse, dans les temps c'était possible ; mais monseigneur le duc d'Aiguillon a mis le Parlement à la raison, et tous les gentilshommes sont rentrés dans l'obéissance. Les masques rouges d'aujourd'hui arrêtent les voyageurs sur les grandes routes ; ils pillent les châteaux ; mettent le feu aux maisons. Voici huit jours qu'ils ont assassiné le sire de Pontivy qui s'en revenait d'Avranches. Le sire de Pontivy était pourtant un chaud partisan des Parlements.

Madelonnette n'eut pas le temps de répliquer, car on entendit retentir à la porte du château le bruit du lourd marteau de bronze qui annonçait l'arrivée d'un visiteur.

Les serviteurs se regardèrent avec un étonnement mêlé de crainte.

— Si M. Mariaker n'était pas là-haut auprès de monseigneur et de mademoiselle, murmura Madelonnette, je croirais que c'est lui.

— Qui donc frappe à cette heure? demanda la cuisinière.

Les chiens s'étaient mis à hurler dans la cour.

— Peut-être les masques rouges, dit le père Gervais, en jetant un regard à son fusil qui reposait sur deux crochets au manteau de la cheminée.

Ces mots achevèrent de glacer les assistants, dont pas un ne songea à aller ouvrir.

Il n'y eut que Merlinet qui se leva :

— Père Gervais, dit-il en toisant le garde-chasse, ou vous êtes un méchant homme qui se fait un plaisir d'épouvanter des gens simples, ou vous êtes un poltron... et ce n'est pas beau pour un homme qui a toute la journée un fusil sur l'épaule.

— Eh bien! dit le garde avec humeur, puisque tu n'as peur de rien, toi, prends mon fusil et va donc ouvrir...

— Je n'ai pas besoin de fusil pour cela, répondit l'enfant d'une voix tranquille.

Et il sortit sans hésitation, laissant les hôtes de la cuisine en proie à une singulière angoisse.

Pour arriver à la porte extérieure du manoir, il fallait traverser la cour dans laquelle deux dogues bondissaient en hurlant.

— Paix, Jupiter! tais-toi, Pluton! dit Merlinet en les apaisant.

Puis il ouvrit tranquillement la porte et plongea son regard dans l'obscurité de la nuit.

Un homme en haillons, coiffé d'un grand chapeau de feutre noir et portant une large braie bretonne, était sur le seuil, un bâton à la main.

— Qu'est-ce que tu veux, l'ami? demanda Merlinet de sa voix franche et résolue.

— La charité pour l'amour de Dieu, répondit le Breton dont le visage était en partie couvert par les grands bords de son chapeau.

— Est-ce pour cela que tu viens déranger d'honnêtes gens à près de minuit?

— J'ai froid et j'ai faim! murmura le mendiant d'une voix lamentable.

Cet accent toucha Merlinet.

— Eh bien! dit-il, viens avec moi à la cuisine; on te donnera un pot de cidre, un morceau de galette, et je te ferai coucher à l'écurie, à côté de moi, sur de la paille bien chaude.

Merlinet, en parlant ainsi, fit un pas de retraite et ajouta :

— Le père Gervais, qui a si grand'peur des masques rouges, sera enchanté de te voir : ça le rassurera, ce brave homme !

Mais le mendiant ne bougea :

— Est-ce que c'est toi qu'on appelle Merlinet?... dit-il.

— Tiens! tu me connais?

— Le fils à la nourrice de mademoiselle Marthe?

— Justement.

— Eh bien! l'ami, dit alors le mendiant, qui changea sur-le-champ de ton et d'attitude, merci pour ton cidre et ta galette; je n'ai ni faim ni soif, seulement j'ai à te parler.

— Que me voulez-vous? fit Merlinet étonné.

— Tu es le frère de lait de mademoiselle Marthe, et, par conséquent, tu as ton franc parler avec elle?

— Oui, dit fièrement Merlinet, et malheur à qui lui manquerait de respect à la demoiselle!...

— Jésus! répondit le mendiant, je ne veux point lui manquer de respect, Dieu m'en garde! mais je suis chargé d'un message pour elle, et j'ai fait le serment de ne le remettre qu'à toi.

— Donnez, dit l'enfant en tendant la main.

— Pas avant que tu ne m'aies juré toi-même de ne le confier qu'à *elle* et de n'en parler à âme qui vive.

— Je vous le jure.

— Sur quoi.

— Sur la tombe de ma mère.

— C'est bien, dit le mendiant. Et il mit dans la main de Merlinet un petit papier plié et cacheté.

Puis il enfonça de nouveau son chapeau sur ses yeux et s'éloigna d'un pas rapide, gagnant le sentier qui descendait en rampes brusques vers l'étang.

— J'aurais pourtant voulu voir son visage! murmura Merlinet.

L'enfant referma la porte et reprit le chemin de la cuisine d'où personne n'avait bougé.

Le visage tranquille de Merlinet rassura les plus timorés.

— Qui donc frappait? demanda Madelonnette.

— Un mendiant.

— Si ça ne fait pas pitié, grommela le garde-chasse, que des vagabonds osent venir troubler notre repos! Tu lui as fermé la porte au nez, je suppose?

— Parbleu! répondit l'enfant. Seulement je lui ai fait l'aumône.

— Tu as donc de l'argent, toi, méchant merle?

— La demoiselle m'en donne quand je n'en ai plus.

Et Merlinet, qui voulait se dispenser de répondre à de nouvelles questions, se coupa un morceau de galette et but à même le pichet de cidre.

La conversation recommença de plus belle sur les masques rouges.

Mais le gars se souciait peu des bandits, et il songeait à l'étrange commission dont il venait de se charger.

— C'est bizarre tout de même! pensait-il. Avec qui donc la demoiselle, qui va bientôt épouser M. Mariaker, peut-elle être en correspondance? Faut que je sache ça!

Merlinet, sa galette engloutie, se leva de nouveau.

— Où donc vas-tu encore, méchant merle? fit le père Gervais.

— Je vais voir mes chevaux.

Merlinet avait pour mission de soigner les deux chevaux de selle du vieux sire de Ploërnec-Ploërnec, comme le chenil regardait le père Gervais.

Et de nouveau le gars quitta la cuisine, tortillant dans la poche de sa braie la lettre qu'on lui avait confiée.

II

Trois personnages étaient réunis dans le grand salon du château de Ploërnec.

Le baron de Ploërnec-Ploërnec était assis dans un grand fauteuil, à l'angle droit de la vaste cheminée écussonnée.

En face de lui, Mariaker tenait dans sa main les petites mains blanches de Marthe.

Le baron était un vieillard d'apparence encore robuste, malgré de fréquents accès de goutte qui le clouaient souvent sur son lit.

Chasseur passionné, il lisait un traité de vénerie récemment imprimé à La Haye, laissant les deux jeunes gens causer à voix basse.

C'était un beau et fier gars, comme on dit au pays d'Avranches, que Mariaker de Ploërnec-Kerlandon.

Il avait environ vingt-quatre ans; il était grand et bien découplé, distingué de tournure et charmant de visage.

Sans l'éclair intrépide qui jaillissait parfois de son grand œil bleu, sans la fine moustache blonde qui couvrait à demi sa lèvre supérieure, on eût juré le visage d'une robuste jeune fille du pays breton.

Ses longs cheveux dorés, vierges du contact de l'acier, tombaient en boucles épaisses sur ses épaules. Ses mains nerveuses étaient blanches et mignonnes comme celles de Marthe.

Marthe était bien aussi la plus jolie fille qu'on eût jamais vue dans l'Avranchin, depuis la disparition de sa sœur Yvonne.

Elle était blonde comme Mariaker, comme lui elle avait l'œil bleu et la lèvre rose.

Cependant, à l'examiner attentivement, on eût dit que le séjour de la grand'ville et les murs humides du couvent avaient pâli ses joues et jeté en son âme une mélancolie vague qui se traduisait parfois dans son regard devenu triste.

— Ah! Marthe! chère Marthe! murmura Mariaker en pressant dans ses mains les mains de la jeune fille, vous n'êtes plus celle que j'ai connue autrefois...

— Pourquoi cela, Mariaker?

— Tenez, il me semble que vous ne me regardez plus comme autrefois, que votre sourire est triste quand j'arrive et que ma vue vous fait souffrir.

— Vous êtes fou, Mariaker...

— Marthe! Marthe! j'ai peur...

— Peur de quoi, mon bon Mariaker?

— Que vous ne m'aimiez plus...

— Ne dois-je pas être votre femme?

— Oh! vous me dites cela avec plus de tristesse que de joie, Marthe.

— Mais, murmura la jeune fille en regardant son cousin, où donc prenez-vous ces vilaines idées? Vous savez pourtant bien que nous devons nous marier le jour de Pâques, c'est-à-dire dans six semaines...

Mariaker hochait la tête.

— Vous me dites tout cela, fit-il, avec une résignation qui m'épouvante... Savez-vous bien, ma Marthe adorée, que si vous ne m'aimiez pas, j'en...

— Comment ne voulez-vous pas que je vous aime? répondit la jeune fille avec douceur, mais sans aucun élan; n'êtes-vous pas jeune et beau, bon et dévoué; et n'est-ce point le devoir d'une femme d'aimer son mari?

Elle vit briller une larme furtive dans l'œil de Mariaker.

— Ah! c'est mal, dit-elle, vous pleurez... et pourquoi? Parce que vous ne retrouvez pas chez la jeune fille de vingt ans l'enfant enthousiaste et un peu folle de quatorze!... Tenez, mon bon Mariaker, je crois que vous avez fait quelque mauvais rêve la nuit dernière, ou bien qu'on vous aura donné de méchants conseils. S'il en était autrement, ajouta-t-elle avec mélancolie, vous ne me chagrineriez point ainsi sans motif.

Et, à son tour, Marthe essuya une larme.

Mariaker allait se jeter aux genoux de sa cousine, lorsque retentit ce coup de marteau qui avait mis en émoi les hôtes de la cuisine.

— Oh! oh! dit le vieux sire de Ploërnec en quittant son livre de vénerie, il est un peu tard, ce me semble, pour demander l'hospitalité. Le moyen âge est passé, il n'y a plus de pèlerins revenant de la terre sainte, et depuis longtemps il existe des hôtelleries.

— C'est quelque mendiant, sans doute, dit Mariaker

qui regarda l'heure au cartel suspendu en face de la cheminée.

Le cartel marquait minuit.

— Dis donc, Mariaker, reprit le baron, est-ce que tu crois à toutes ces histoires sinistres dont on parle dans la contrée?

— Quelles histoires, mon oncle?

— Je veux parler des masques rouges. Je sais bien qu'il y a deux ou trois ans, quand les Parlements ont soulevé la Bretagne et une partie de la basse Normandie, il s'était formé une mystérieuse association de gentilshommes qui, le visage couvert d'un morceau d'étoffe écarlate, faisaient aux gens du roi une guerre implacable.

— C'est vrai, mon oncle.

— Mais à présent, poursuivit le sire de Ploërnec, tout est pacifié, Dieu merci! et s'il est encore des gens qui prennent le déguisement et le nom de cette vaste association, ce ne peut être que des malfaiteurs.

— C'est mon avis, dit Mariaker, d'autant mieux que ces gens-là existent réellement.

— Tu crois!

— Ils arrêtent sur les routes; ils pillent, incendient, assassinent.

— Je sais bien qu'on a dit dernièrement que M. de Pontivy avait été assassiné par eux.

— C'est vrai, mon oncle. Mais soyez tranquille, ce n'est ni à vous, ni à moi, qui avons de nombreux serviteurs bien armés, qu'ils oseront s'adresser.

— Cependant, mon cousin, dit Marthe avec douceur, vous vous aventurez seul, chaque nuit, sur l'étang.

— Avec mon fusil à deux coups en bandoulière et le

diable au fond de ma bourse, répondit Mariaker en souriant. Ne craignez rien pour moi, ma cousine, tous les masques rouges de l'univers ne m'empêcheraient point de vous venir voir tous les soirs.

— Oui, mais vous pourriez coucher à Ploërnec.

— Oh! non pas, dit Mariaker; un gentilhomme doit coucher sous son toit. Et tenez, ajouta le jeune homme, voici minuit; ma cousine, je vais prendre congé de vous et vous dire : A demain.

— Il n'est que temps, monsieur Mariaker, dit une voix sur le seuil du salon.

C'était Merlinet qui, entre autres priviléges accordés au frère nourricier, jouissait de celui d'entrer sans gratter à la porte.

— Et pourquoi donc n'est-il que temps? demanda Mariaker.

— Parce que le brouillard commence à descendre sur la mare aux Fantômes, et que dans une demi-heure, monsieur Mariaker, vous ne verriez plus assez clair pour conduire votre chaland.

— Voilà qui est différent. Alors, bonsoir, mon oncle, bonsoir, ma cousine.

— Je n'ai pas ma goutte aujourd'hui, dit le sire de Ploërnec, et je vais te conduire jusqu'à la porte.

— Il fait bien froid, mon oncle.

— Bah! n'ai-je pas été gendarme du roi? Il faisait bien plus froid, en campagne, quand nous rossions les Anglais...

Mariaker avait pris son manteau, jeté son fusil sur son épaule et passé une paire de pistolets à sa ceinture.

— Viens, dit le baron en s'appuyant sur son bras.

Mariaker sortit après avoir baisé la petite main de Marthe.

Le gars n'accompagna point le jeune homme et le sire de Ploërnec.

Il demeura planté tout debout devant Marthe, appuyant un doigt sur ses lèvres d'un air mystérieux.

— Que veux-tu, Merlinet? demanda la jeune fille en tressaillant.

Merlinet alla vers la porte et la ferma.

— On a frappé tout à l'heure, dit-il.

— Oui. Qui donc était-ce?

— Un mendiant qui m'a remis une lettre pour vous, répondit Merlinet.

— Une lettre! murmura Marthe en pâlissant.

Le gars tira le billet et le tendit à Marthe, qui, à sa vue et avant d'en avoir brisé le cachet, sentit ses genoux fléchir...

— O mon Dieu! mon Dieu! dit-elle.

Elle prit le billet, l'ouvrit d'une main fiévreuse, le parcourut et étouffa un cri.

Alors ses genoux fléchirent tout à fait; elle joignit les mains et murmura d'une voix brisée :

— J'avais pourtant, mon Dieu! juré de l'oublier...

Mais la faiblesse de Marthe, son trouble, son épouvante, n'eurent que la durée d'un éclair.

Elle se releva l'œil en feu, l'air résolu, et, posant sa main sur l'épaule du gars :

— Merlinet, dit-elle, nous avons sucé le même lait, j'ai appelé ta mère « ma mère »; m'aimes-tu?

— Oh! mademoiselle...

— Me seras-tu dévoué?

— Je me ferais hacher pour vous.

— Eh bien ! mets-toi à genoux, Merlinet, dit la jeune fille avec un accent d'autorité, et jure-moi sur notre mère morte que jamais tu ne révéleras un mot de ce que tu as vu et entendu.

Merlinet se mit gravement à genoux.

— Au nom de ma mère, dit-il, je vous le jure !...

Alors Marthe reprit :

— J'ai besoin de toi, Merlinet.

— Je suis prêt, mademoiselle...

— Il faut que tu partes à l'instant, bravant le froid, bravant la nuit, le brouillard et les mauvaises rencontres.

— Vous savez bien que je n'ai peur de rien, dit l'enfant avec sa simplicité habituelle ; où faut-il aller ?

— Au val Fourchu, à une lieue d'ici ; un endroit, ajouta Marthe, où tout autre que toi, peut-être, n'oserait aller à pareille heure.

— J'irai.

— Là, continua Marthe, tu trouveras un homme, celui sans doute qui t'a remis ce billet.

— Que lui dirai-je ?

— Ces deux mots : Elle viendra !

— Je pars, dit l'enfant.

Et il sortit du salon en courant.

Marthe relut alors le billet qu'elle venait de recevoir.

Il ne contenait que trois lignes :

« Demain soir, à la nuit tombante, à la croix du val Fourchu, si vous vous souvenez encore de la nuit du 7 novembre à Nantes. »

III

Cependant M..de Ploërnec-Ploërnec avait reconduit Mariaker jusqu'à la porte du manoir.

Le manoir, on le sait, surplombait l'étang à qui une légende du nébuleux moyen âge avait fait donner le nom de la *mare aux Fantômes*.

Un petit sentier descendait du seuil du manoir au bord de l'étang en serpentant sous les arbres à travers les rochers et la bruyère.

Mariaker prit ce sentier et descendit tout pensif en disant :

— Non, non, j'ai beau m'abuser, Marthe ne m'aime pas... elle n'a pour moi que de l'affection et point d'amour. Oh! ce n'est point ainsi qu'elle m'accueillait autrefois... Sans doute elle aura vu à Nantes quelqu'un de ces beaux gentilshommes vêtus de velours, qui ont pris à Versailles les belles manières et le ton séducteur...

Mariaker sentit son cœur mordu par la jalousie.

Pour la première fois de sa vie, peut-être, il éprouva le besoin d'avoir un ami, un confident, quelqu'un à qui il pût ouvrir son âme tout entière.

Malheureusement Mariaker avait toujours vécu seul ; lorsque son frère était parti, il n'était encore, lui, qu'un enfant.

Il songea à son frère disparu et murmura :

— Ah ! si René était là...

Ce fut en se livrant à ces tristes réflexions que Mariaker arriva au bord de l'étang et atteignit une petite anse couverte de broussailles dans laquelle il avait amarré son chaland.

Le chaland est une barque longue et plate qu'on fait mouvoir avec une grande perche.

Merlinet n'avait point menti.

Le ciel, naguère étincelant d'étoiles, s'était voilé peu à peu ; un brouillard blanc commençait à s'allonger sur la mare aux Fantômes et montait presque à mi-côte de la rive opposée, sur laquelle était perché le château de Kerlandon.

L'instinct du danger arracha le jeune homme à sa mélancolie.

Il sauta dans la barque, délia lestement l'amarre, prit sa perche et poussa vigoureusement au large, l'œil fixé sur les lumières du Kerlandon, que le brouillard commençait à obscurcir.

Au bout de vingt minutes, les lumières disparurent ; mais un bruit de pas se fit entendre sur la rive opposée, et Mariaker comprit qu'il était tout près du bord.

Il continua à jouer de la perche avec vigueur, et bientôt le chaland, qui filait sur l'eau comme une flèche, s'arrêta sur un lit de vase, au milieu d'une touffe d'ajoncs.

— Si j'étais parti un quart d'heure plus tard, murmura Mariaker, je n'aurais jamais retrouvé mon chemin.

Le Kerlandon a disparu dans le brouillard.

Il sauta lestement sur la berge et chercha à s'orienter.

Au bout de quelques pas, il retrouva le sentier qui grimpait à son manoir.

— Enfin! dit-il.

Et de nouveau il se reprit à songer à Marthe.

Mais alors les pas qu'il avait déjà entendus lorsqu'il était encore sur l'étang, se firent entendre de nouveau, et, cette fois, tout près de lui.

Mariaker s'arrêta.

A travers le brouillard qui s'épaississait toujours, il vit alors se mouvoir une forme humaine. En même temps une voix l'appela :

— Est-ce toi, Mariaker?

— Qui donc m'appelle? demanda le jeune homme, qui chercha dans ses plus lointains souvenirs où il avait déjà entendu cette voix.

— Moi, répondit la voix.

La forme humaine s'approcha et posa sa main sur épaule de Mariaker.

— Qui es-tu? demanda le jeune homme.

— Un proscrit sans asile et sans pain, un fugitif que les gens du roi cherchent pour le fusiller.

Soudain Mariaker attacha sur cet homme, qu'il ne pouvait apercevoir qu'imparfaitement, un regard ardent, et il se souvint :

— René! dit-il.

— Oui, répondit le frère prodigue, c'est moi!

Le jeune sire de Kerlandon poussa un cri, et prit son frère dans ses bras.

— Mariaker, dit alors René, j'étais mousquetaire du roi, je me suis pris de querelle avec un de mes chefs, à propos d'une femme, et dans un moment de fureur aveugle, je l'ai tué.

— Malheureux !

— Un conseil de guerre m'a condamné à mort. Je me suis évadé de la Bastille la veille de mon exécution, et je viens abriter ma tête proscrite sous ton toit. Me repousseras-tu ?

— Ah ! s'écria Mariaker, penses-tu donc que je ne suis plus Ploërnec, frère ? Va ! les gens du roi n'arriveront jusqu'à toi qu'après avoir foulé aux pieds mon cadavre !...

— Frère, reprit René, que Mariaker avait pris par le bras pour lui faire gravir le sentier qui conduisait au Kerlandon, te reste-t-il beaucoup de serviteurs de notre père ?

— Hélas ! répondit Mariaker, la plupart sont morts, les autres sont vieux et infirmes. Ils ne te reconnaîtron pas. Mais rassure-toi, frère, les serviteurs de Ploërne(sont loyaux et fidèles comme Ploërnec lui-même.

René continua :

— Tu es riche, frère. Je ne le suis plus. Versaille est un gouffre où tout s'engloutit en quelques jour, plaines et coteaux, moulins et métairies.

— Es-tu fou, cher frère ? répondit Mariaker, ma fo1 tune est à toi, ma maison est la tienne. Je n'ai pl rien à moi seul ; tout est à nous !...

— Mariaker, murmura René qui parut attendri, j savais bien que tu étais le meilleur des hommes.

En devisant ainsi, les deux frères arrivèrent à la porte de Kerlandon.

Un vieux serviteur, qui seul veillait encore à cette heure avancée de la nuit, vint ouvrir à Mariaker, et jeta un regard étonné sur l'homme qui l'accompagnait.

A la clarté de la lampe que le valet tenait à la main, Mariaker put alors examiner son frère.

René de Ploërnec était vêtu en paysan; il avait le front couvert d'un large chapeau. Sa barbe noire était inculte, ses cheveux en désordre. Son visage, qui avait dû être d'une beauté remarquable, portait les traces et les flétrissures d'une vie de soucis et de débauche.

— Yaume, dit Mariaker au valet, sers-nous à souper, j'ai soif et faim. Tu prendras à la cave le vin le plus vieux que tu trouveras, et tandis que nous souperons; monsieur et moi, tu prépareras la plus belle chambre du château.

Le vieux Yaume laissa tomber sur l'étranger un regard hébété; puis il obéit sans mot dire.

— Il ne m'a pas reconnu, ce pauvre Yaume, murmura René avec un triste sourire, lorsqu'ils pénétrèrent dans la vieille salle à manger de Kerlandon. Mon Dieu! suis-je donc bien changé?

— C'est ta grande barbe, répondit Mariaker qui s'avouait, en effet, que René était vieilli et fatigué, bien qu'il n'eût guère que trente ans...

Les deux frères soupèrent en causant.

Mariaker avait le cœur joyeux de revoir son frère, mais cette joie ne l'empêchait point de songer à l'inexplicable froideur de Marthe. Il prit René pour confident, il lui parla de ses alarmes.

— Enfant! répondit René, Marthe t'aime et n'a jamais cessé de t'aimer.

— Tu crois?

— O le plus heureux des hommes! soupira René, garde-toi d'en douter...

Ce fut sur cette bonne parole que les deux frères se souhaitèrent bonne nuit.

Mariaker conduisit René à sa chambre, et le quitta en lui disant :

— Je t'enverrai demain, à ton réveil, des vêtements convenables, et nous aviserons au moyen d'assurer ici ton repos.

Lorsque René se trouva seul, il ouvrit sa fenêtre et plongea sa tête fiévreuse dans l'air glacé de la nuit.

Le brouillard rampait toujours sur la mare aux Fantômes, mais au-dessus du brouillard, dans le lointain, sur le gris cendré du ciel, se détachaient les tourelles de Ploërnec.

Le frère prodigue attacha sur le vieux manoir un regard satanique.

— Ah! ah! dit-il, c'est là qu'elle est ta chère colombe! O stupide et candide Mariaker!... Je vois briller une lumière. C'est à sa fenêtre, sans doute... Elle ne dort pas, va, simple Mariaker!... elle s'agite fiévreuse et à demi affolée sur son lit... et ce n'est pas à toi qu'elle songe... oh! j'en réponds!

Il se prit à rire d'un rire de damné.

— Ah! tu m'offres l'hospitalité, imbécile, continuat-il, ah! tu veux m'ouvrir ta bourse et me donner un abri? C'est le monde renversé, Dieu me pardonne! C'est le cadet qui est seigneur et maître, l'aîné vagabond et déguenillé!... Mais les masques rouges sont là, mon cher Mariaker, et grâce à eux j'aurai la belle part, l'héritage aux nombreuses seigneuries, l'héritière aux cheveux dorés !...

Il interrompit un moment son hideux monologue pour attacher de nouveau son regard sur Ploërnec.

La lumière brillait toujours à la noire façade du manoir.

— Oh ! reprit-il, cette clarté me prouve que la coombe a reçu le message... Et Mariaker, le niais ! m'a iré ce soir une cruelle angoisse du cœur en m'apprenant que Marthe ne l'aimait pas... Allons ! tout va bien et décidément le chevalier est un homme de bon conseil.

René de Kerlandon ferma sa fenêtre et se mit au lit aussi tranquillement qu'un homme à qui tout sourit et qui n'a sur la conscience que de bonnes actions.

. . . .

Maintenant, pour la plus grande intelligence de notre récit, qu'il nous soit permis de faire un pas en arrière...

IV

La veille du jour où le mendiant, porteur d'une lettre, s'était présenté à la porte du manoir de Ploërnec, à cinq lieues à l'ouest de la vallée que baigne la mare aux Fantômes, dans un carrefour de forêt, au pied d'un mur en ruines, deux hommes se chauffaient autour d'un feu de broussailles.

Le lieu où ils se trouvaient avait quelque chose de sinistre.

De grands arbres décharnés, ventrus, tordus, bizarres se dressaient alentour.

Çà et là un pan de mur qui trahissait les restes d'une construction féodale, sans doute; sur le sol, une neige durcie qu'une bise froide balayait sans relâche ; au dessus, un ciel gris semé de nuages noirs...

Au loin, de tous côtés, la forêt profonde, muette parfois, parfois sonore et retentissante de mille bruits confus et lamentables, — les pleurs du vent, le cri d' hibou, le craquement d'un vieux chêne abattu par la gelée.

Le feu allumé par ces deux hommes projetait au loin une lueur sombre et rougeâtre qui éclairait à la fois leur visage et toute leur personne.

A première vue, c'étaient des paysans.

Cependant ils avaient les mains blanches, portaient toute leur barbe, et leur visage était bien blanc pour des gens exposés au hâle des champs.

— Sais-tu, chevalier, disait l'un, que le métier que nous faisons depuis trois mois ne vaut absolument rien ?

— Je suis de ton avis, Kerlandon.

— Quand nous nous sommes associés, Guérigny, Pontermer, toi et moi, pour ressusciter à notre profit les masques rouges, nous nous sommes singulièrement abusés.

— C'est mon avis.

— Les Bretons et les Bas-Normands ne sont pas riches ; témoin ce pleutre de Pontivy que nous avons assassiné pour cent pistoles.

— Je le croyais plus à son aise, je te jure ; et d'ailleurs j'étais persuadé qu'il avait touché à Avranches le prix de sa seigneurie qu'il a vendue au président Talabot.

— Quant aux caisses des gabelles, tu sais qu'il n'y faut plus penser, elles sont toujours escortées par un piquet de dragons ou une escouade de la maréchaussée.

— Si nous retournions à Paris...

— Pontermer y songe.

— Et moi aussi.

— Ah ! chevalier, reprit le premier des deux interlocuteurs, tu as eu bien tort de quitter Yvonne.

— Pourquoi ?

— Mais, imbécile ! parce que son frère est mort, que tu l'aurais épousée...

— Et puis ?

— Et que ton vieil oncle à la mode bretonne, le Ploërnec-Ploërnec, t'aurait laissé la moitié de son vaste héritage.

— C'est vrai ; mais je ne savais pas tout cela. D'ailleurs, soupira René de Kerlandon-Ploërnec, car c'était lui à qui son compagnon donnait le nom de chevalier, — d'ailleurs, ce n'est pas moi qui ai abandonné Yvonne, — c'est elle qui m'a quitté avec haine et mépris, le jour où elle a connu tous mes crimes.

— Tu as manqué de flair, chevalier...

René soupira.

— Et cependant, dit-il, si j'osais...

— Eh bien ?

— Tout n'est pas perdu.

— Tu crois qu'Yvonne te reviendrait ?

— Elle ! oh ! non, jamais !

— Alors ?

— Mais j'ai encore une corde à mon arc, mon cher Kerlandaz.

— Que veux-tu dire ?

— Marthe de Ploërnec-Ploërnec, l'unique fille aujourd'hui du vieux baron, la fiancée de mon frère Marjaker, Marthe m'aimerait peut-être...

Le compagnon du chevalier tressaillit.

— Il est certain que tu es encore beau, chevalier...

— Oh ! je ne compte point sur ma beauté.

— Sur quoi donc ?

— Sur un souvenir...

Ce mot énigmatique acheva d'exciter l'étonnement de Kerlandaz.

— Écoute, reprit René, je vais te confier un secret, le seul que tu ne possèdes point.

— Parle...

— J'ai séduit à demi Marthe de Ploërnec ; j'ai pu l'enlever...

— Et tu ne l'as point fait ? O l'homme scrupuleux !

— Yvonne était toujours là, murmura le chevalier d'un air sombre.

Puis il jeta un regard autour de lui.

— Sommes-nous bien seuls ?

— Pardieu !

— Écoute, alors...

Et le chevalier René de Ploërnec-Kerlandon, après avoir remué les broussailles du feu qui se prit à pétiller, fit à son compagnon le récit suivant :

— Il y a quatorze mois.

Yvonne, malgré mes trahisons, m'aimait encore et continuait à s'attacher à mon existence misérable et vagabonde.

Mon duel avec le garde du corps, que je tuai en sortant de l'*enfer*, tu sais, nous appelions ainsi la maison de jeu tenue par la Vaubert ; mon duel, dis-je, avait produit un tel scandale, que j'avais dû, pour éviter les poursuites, quitter Paris en toute hâte.

Pontermer avait à Nantes une vieille tante presque aveugle, qui ne savait rien de sa conduite, lui faisait passer quelque argent et lui était toute dévouée.

— Va-t'en chez ma tante, me dit-il, elle te cachera.

Yvonne, tu le sais, portait depuis longtemps des habits d'homme ; elle devait passer pour mon jeune frère. Nous

nous présentâmes chez la vieille demoiselle de Pontermer sous le nom de baron et de chevalier de Valigaud.

Dès le lendemain de notre arrivée, Yvonne me dit :

— Maintenant que te voilà en sûreté, je vais retourner à Paris, je mettrai en campagne tout ce qui te reste d'amis, afin d'arrêter les poursuites qui sont dirigées contre toi. Je reviendrai dans quinze jours, si je ne puis réussir, et alors nous tâcherons de passer en Angleterre.

Yvonne m'ennuyait ; il y avait longtemps que je ne l'aimais plus. J'accueillis ce départ avec la joie d'un prisonnier qui retrouve sa liberté. Ma maîtresse partie, je songeai à me distraire, et l'occasion ne tarda point à se présenter.

Un matin, en ouvrant ma fenêtre, je m'aperçus qu'elle donnait sur un vaste préau planté de vieux arbres.

C'était la cour d'un couvent.

A l'heure de la récréation, abrité derrière ma jalousie, je pus voir nonnes et pensionnaires prendre leurs ébats, et mes yeux cherchèrent une victime. Mon choix s'arrêta sur une grande jeune fille blonde, svelte, charmante, un peu rêveuse, qui se promenait gravement au lieu de jouer.

Elle avait dix-huit à dix-neuf ans.

Quand la cloche de l'étude sonna, je m'aperçus que la jeune fille ne suivait pas ses compagnes.

Elle prit un livre et vint s'asseoir sur un banc au-dessous de ma fenêtre.

L'occasion était belle ! je pris un crayon et j'écrivis ces trois lignes sur un morceau de papier :

« Mademoiselle,

« Depuis trois mois, je souffre mille morts pour vous. Je vous aime à en mourir, et je suis le plus malheureux des hommes.

« Le chevalier DE VALIGAUD. »

Je roulai le papier et, refermant prudemment ma jalousie, je le laissai tomber aux pieds de la jeune fille.

Naïve qu'elle était, elle le prit, l'ouvrit curieusement, le lut et jeta un petit cri...

Puis elle le déchira et s'enfuit vers le couvent.

— Le premier pas est fait, me dis-je.

Le lendemain, à la même heure, je vis reparaître la jeune fille. J'avais laissé tomber aux pieds du banc un second billet.

Toujours caché derrière ma jalousie, je la vis jeter autour d'elle un regard inquiet ; puis, lorsqu'elle fut persuadée que personne ne la voyait, elle ramassa mon second billet.

Tu comprends, mon cher, que je ne vais pas te faire l'histoire de cette séduction.

Qu'il te suffise de savoir qu'au bout de huit jours je me montrai, et que mon visage acheva l'œuvre de mes lettres.

Huit jours plus tard, la pensionnaire me répondit ; elle attachait ses lettres à un fil que je laissais pendre.

Une nuit, je m'aventurai résolûment sur une échelle de corde, et je descendis dans le préau.

Je passai deux heures aux genoux de Marthe, — c'était elle, tu l'as deviné : — nous échangeâmes les plus doux serments, et il fut convenu que j'irais demander sa main à son père.

— Ah! ah! ricana Kerlandaz.

— Tu penses bien, reprit le chevalier, que je n'en avais nulle envie; mais c'était un moyen d'arriver promptement à mes fins.

Malheureusement, Yvonne vint tout gâter.

Le lendemain matin, tandis que j'étais occupé à écrire un billet brûlant à ma future conquête, qui, du reste, m'avait donné un nouveau rendez-vous pour la nuit suivante, Yvonne arriva :

— Sauvé! me dit-elle; tu es sauvé! j'ai tout obtenu... tu peux revenir à Paris...

Tu penses bien que je n'hésitai pas un moment entre la perspective, douteuse maintenant, de pouvoir séduire Marthe de Ploërnec, et celle de revenir à Paris...

— La petite était gentille, me dis-je; mais bah!

— Et tu ne la revis pas?

— Non.

Kerlandaz parut réfléchir :

— C'est Yvonne qui me gêne, dit-il, car sans cela je t'aurais donné un bon conseil...

Le chevalier tressaillit; puis son front se plissa et son œil eut un fauve éclair :

— Eh bien! dit-il, Yvonne ne te gênera plus.

— Hein?

— Non, car elle est morte.

— Morte!

— Oui, répliqua René d'une voix sourde. Je t'ai trompé quand je t'ai dit qu'elle m'avait quitté.

— Eh bien?...

René baissa la tête.

— Il était écrit dans le livre de la destinée, murmura-t-il, que je ne reculerais devant aucun crime.

— Tu as tué Yvonne?

— Oui, un soir, il y a trois mois. Te rappelles-tu ce gentilhomme picard que nous dévalisâmes au jeu, le jour de la Toussaint, et qui nous appela voleurs et escrocs?

— Je me souviens même que tu l'as tué d'un coup de poignard.

— Eh! c'est ce soir-là. Je rentrai vers minuit, chancelant, aviné, dans le logis que nous habitions, Yvonne et moi, rue de la Calandre.

Yvonne m'attendait en proie à une vague angoisse. Elle vit du sang sur mes mains, elle trouva de l'or dans mes poches et elle comprit tout.

— Ah! me dit-elle, je vous savais joueur, mais je ne vous croyais ni voleur, ni assassin!...

— Et elle voulut fuir.

Je ne sais alors ce qui se passa, mais un flot de sang me monta aux joues, mes yeux s'injectèrent, et le poignard, encore rouge du sang du gentilhomme picard, disparut dans la poitrine d'Yvonne...

Je la chargeai sanglante et inanimée sur mon épaule, je descendis au bord de l'eau et je la laissai choir dans la Seine. Le courant emporta son cadavre.

René, à ces derniers mots, passa une main sur son front, puis il redressa la tête, ainsi qu'un homme qui chasse un souvenir pénible.

— Parle maintenant, dit-il. Voyons le bon conseil que tu veux me donner?

Kerlandaz était un cadet de bonne maison, que la

débauche et le jeu avaient, comme René, conduit à l'infamie.

— Si je te donnais l'héritage de ton oncle de Ploërnec, et Marthe, sa fille, que me donnerais-tu? fit-il en riant d'un rire de démon.

— Ta part, dit René.

— Oh! je serai discret, acheva Kerlandaz, je ne veux pas la moitié, mais simplement...

Kerlandaz s'interrompit brusquement et se dressa sur ses pieds avec l'agilité d'un chat sauvage :

— As-tu entendu? fit-il.

— Oui, répondit René, qui avait bondi pareillement.

C'était un long cri guttural, comme celui d'une chouette ou d'un hibou qui venait de traverser l'espace, dans la direction du sud-ouest.

René posa deux doigts sur sa bouche et fit entendre un cri semblable.

Presque aussitôt après, ce cri fut répété deux fois, et dans deux directions opposées, comme s'il eût rencontré un double écho.

— Ce sont eux! dit Kerlandaz.

— Et il y a du nouveau!... ajouta René. Hurrah pour les masques rouges!

Alors, les deux jeunes gens prirent dans leur poche un loup de velours écarlate et le posèrent sur leur visage.

Puis chacun d'eux décrocha un fusil à double coup pendu à une branche d'arbre et en fit jouer les batteries. Après quoi chacun visita l'amorce des pistolets passés à sa ceinture.

Le cri de hibou se fit entendre encore une fois ; puis des pas retentirent sur la feuille morte qui jonchait le bois, et deux hommes vêtus comme René et son compagnon, du costume des paysans bas-bretons, et, comme eux, le visage couvert d'un loup de velours écarlate, débouchèrent dans le carrefour.

— Est-ce toi, Pontermer? demanda René.

— Est-ce toi, Guérigny? demanda pareillement Kerlandaz.

— C'est moi, répondirent successivement les deux nouveaux venus.

— Et dépêchons-nous, dit Pontermer.

— Qu'y a-t-il?

— Une aubaine, mes maîtres. Quinze mille livres en belles pistoles qui vont être à nous dans une heure.

— Ah! ah! voyons, dit Kerlandaz.

— Nous avons rencontré à cinq heures d'ici le courrier qui porte les lettres de Mortagne à Avranches. Il a bu avec nous dans une auberge, nous l'avons grisé, il a jasé.

— Et il porte quinze mille livres?

— Destinées au prieur du Mont-Saint-Michel. Elles sont contenues dans une valise en cuir placée en travers de la selle. Son bidet est fatigué, il va au pas. Nous avons pris à travers la forêt, et nous avons de l'avance sur lui. Mais, acheva Pontermer, je vous préviens qu'il faudra en découdre, si nous ne le jetons bas de la première balle. C'est un solide garçon, bien armé, et qui se défendra comme un enragé.

— Bah! dit René, je tue une hirondelle au vol avec une balle de ma carabine.

. . . .

Une demi-heure après, les quatre bandits, blottis

dans la broussaille, attendaient en un lieu désert, au bord de la route, que leur victime vînt à passer.

Bientôt on entendit dans le lointain le pas d'un cheval résonner sur la neige durcie ; puis, peu après, le cheval et le cavalier se détachèrent en noire silhouette sur la plaine blanche.

— Dis donc, Pontermer, fit Kerlandaz tout bas, si on ne le tuait pas ?... Pourvu que nous ayons les quinze mille livres...

— D'abord il se défendra... et puis, ajouta Pontermer, il nous a vus à l'auberge.

— C'est juste, et à l'occasion ce pourrait être un terrible témoin.

— Pourquoi vous donner tant de soucis, messieurs ? ricana René. Ne vous ai-je pas dit que je tuais une hirondelle au vol !

— C'est vrai.

— Où voulez-vous que je lui mette une balle ? au cœur ou dans le front ?

— Où tu voudras, répondit Kerlandaz en riant, pourvu que l'homme tombe.

Le *postillon*, comme on disait alors, avait mis son bidet au petit trop, et il s'avançait en chantant un refrain du pays mortain où il était né.

Lorsqu'il ne fut plus qu'à trente pas de lui, René l'ajusta :

— Tiens ! dit-il tout bas à Kerlandaz, il fait noir, mais tu verras qu'il aura une balle dans la tête...

Et il pressa la détente.

Un éclair illumina la forêt voisine, et le courrier tomba de son cheval sur la neige, comme s'il eût été foudroyé.

En même temps, René lâcha son deuxième coup, et le cheval qui, épouvanté, avait pris le galop, roula lourdement et s'abattit.

Alors trois des misérables se précipitèrent et s'emparèrent de la valise pleine d'or, tandis que le quatrième, René, relevait le cadavre du courrier.

Le malheureux jeune homme était mort sans pousser un cri.

— Je te l'avais bien dit, Kerlandaz, fit René avec l'accent du triomphe ; je lui ai mis ma balle entre les deux yeux.

Et il s'empara du sac de cuir que le courrier portait en bandoulière, et qui renfermait plusieurs lettres.

— Maintenant, ajouta-t-il, allons nous réchauffer... il fait froid, et j'ai bonne envie de dépouiller un peu cette correspondance pour voir où en sont les affaires des gentilshommes de la province.

Munis de leur butin, les masques rouges regagnèrent le carrefour où tout à l'heure Kerlandaz et René se chauffaient et devisaient.

René avait ouvert le sac du courrier.

La première lettre qu'il prit et dont il examina la suscription à la lueur du feu des broussailles, lui fit jeter un cri.

L'adresse était ainsi :

A très-haute et noble demoiselle Marthe de Ploërnec-Ploërnec, en son château de Ploërnec, diocèse d'Avranches.

— Comment! dit René, elle n'est donc plus au couvent? elle est donc à Ploërnec?

Et il décacheta la lettre sans façon et lut :

« Ma bonne Marthe,

« Voici trois semaines que tu as quitté notre couvent pour retourner chez ton père, où, sans doute, tu vas bientôt épouser ton cousin Mariaker... »

René poussa un nouveau cri et tendit cette lettre à Kerlandaz.

Celui-ci lut les trois premières lignes ; puis il eut un mauvais sourire :

— Eh bien ! dit-il, tu es plus heureux que tu ne le mérites...

— Que veux-tu dire ?

— Oh ! fit Kerlandaz, ceci est mon secret. Seulement faisons nos conditions et causons sérieusement.

Pontermer et Guérigny regardaient leurs compagnons avec étonnement.

— Nous aurons besoin d'eux, ajouta Kerlandaz, il est juste de leur faire leur part. Un tiers pour nous trois, deux tiers pour toi.

— Soit, dit René.

— Alors, calculons. Le vieux Ploërnec a huit seigneuries, n'est-ce pas ?

— Oui.

— Ce qui équivaut à trois millions de livres, au bas mot.

— A peu près.

— Et Mariaker ?...

— Mais... fit René.

— Parle. Combien de seigneuries ?

— Cinq.

— Mettons quinze cent mille livres...

— Mais... Mariaker est plein de vie...

— Imbécile ! dit Kerlandaz, si Mariaker continue à se bien porter, il épousera Marthe.

— C'est juste.

— Allons ! prends ta plume et ton parchemin, chevalier, car, dit Kerlandaz en riant, tu as toujours sur toi de quoi écrire, comme les clercs et les bacheliers d'autrefois.

— Et puis ? demanda René.

— Et puis écris ce que je vais te dicter : « Moi soussigné, l'héritier de feu mon frère Mariaker et l'heureux époux de ma cousine Marthe de Ploërnec, je me reconnais débiteur envers MM. de Kerlandaz, de Guérigny et de Pontermer de la somme de quinze cent mille livres. » Et maintenant, ajouta Kerlandaz, ne te mêle plus de rien. J'ai mon plan de bataille !...

. . . .

C'était à la suite de ce pacte que mademoiselle Marthe de Ploërnec avait reçu un billet qui lui donnait rendez-vous au carrefour du val Fourchu, et que, le même soir, le chevalier René de Ploërnec-Kerlandon, se disant proscrit et poursuivi par les gens du roi, avait reçu l'hospitalité chez son frère Mariaker.

V

Revenons à Merlinet.

Merlinet avait quinze ans; il était, nous l'avons dit déjà, le fils de la nourrice de Marthe.

Merlinet n'avait jamais connu son père, sa naissance était même quelque chose d'assez mystérieux.

Lorsque Madeleine, qui était la plus jolie fille du pays, avait donné son sein à Marthe, son mari, qui servait sur les galères du roi, était à la mer.

Un jour, Madeleine reçut une lettre venant de Cherbourg.

Un chevalier de Ploërnec, frère du baron de Ploërnec-Ploërnec, qui était chevalier de Malte, lui annonçait que son mari, embarqué sur le navire qu'il commandait, passerait quinze jours dans le port, et que si elle le voulait voir, elle n'avait qu'à se hâter.

Comme la petite Marthe était déjà sevrée, le sire de Ploërnec permit à la nourrice de faire ce long voyage.

Madeleine partit et ne revint qu'au bout de trois mois.

Huit mois après, la nourrice mit au monde un petit Merlinet, à qui on donna au baptême le nom de Jean. Un an après, on apprit que le navire commandé par le chevalier de Ploërnec avait livré une sanglante bataille aux Turcs.

Le mari de Madeleine avait été tué, le chevalier, blessé mortellement, avait eu le temps, avant de mourir, d'écrire à son frère le baron de Ploërnec.

Le baron remit à Madeleine un gros pli cacheté aux armes de son frère.

— Tu remettras cela à ton fils, quand il aura vingt ans, lui dit-il.

Le petit Jean grandit, se développa et devint bientôt le hardi compagnon que nous connaissons.

Comme il chantait et sifflait du matin au soir comme un merle, le vieux Ploërnec, qui l'avait pris en grande amitié, lui donna le nom de Merlinet.

Ce nom lui resta.

Cependant Madeleine était encore une fort belle fille et ses habits de deuil lui seyaient à ravir.

Quand elle les quitta, le garde-chasse du château, maître Gervais, se mit à lui faire la cour et lui proposa de l'épouser.

Gervais avait passé la quarantaine, il était laid et d'humeur sournoise.

Madeleine lui rit au nez et lui répondit qu'au lieu de chercher à se marier, il ferait mieux de songer à son salut, étant déjà un homme d'âge.

Le garde-chasse rebuté conçut alors pour Madeleine une haine violente qu'il reporta sur son fils.

Lorsque Madeleine mourut, à la suite d'une fièvre

typhoïde, la haine de Gervais ne s'apaisa point; il continua à détester cordialement Merlinet, et il ne laissa échapper aucune occasion de manifester cette violente antipathie.

Il allait même souvent jusqu'à prétendre que le gars était tout le portrait de feu le chevalier de Ploërnec, et que Madeleine n'avait pas passé trois mois à Cherbourg à la seule fin d'y voir un bélître de mari.

Mais les calomnies ou du moins les médisances de Gervais inquiétaient peu Merlinet.

Il était aimé de Marthe, sa sœur de lait, et le vieux Ploërnec le traitait en enfant gâté. Peu lui importait la haine du garde-chasse.

En quittant *la demoiselle*, comme il l'appelait, Merlinet descendit à la cuisine.

François le bouvier et les autres domestiques étaient allés se coucher.

Il ne restait au coin du feu que le père Gervais, ce garde-chasse grondeur qui semblait n'avoir pour Merlinet qu'une maigre affection.

Le gars prit un escabeau, l'approcha de la cheminée et monta dessus.

— Qu'est-ce que tu fais donc là, méchant merle? demanda Gervais.

Les fusils dont on se servait habituellement étaient posés sur des crochets, au manteau de la cheminée.

Le gars en prit un.

— Vous le voyez bien, dit-il.

— Tu prends un fusil?

— Et ce n'est pas le vôtre, comme vous voyez.

— Mais... qu'en veux-tu faire?

Merlinet répondit d'un ton railleur :

— Vous m'avez mis la peur en tête, ce soir, et je ne veux pas aller coucher dans l'écurie sans armes.

— Ah! ah! tu as peur, le gars?

— Pourquoi pas? Vous tremblez bien, vous!

Le garde fronça le sourcil :

— Tu mens, dit-il, ce n'est pas pour aller te coucher que tu prends ce fusil.

— Eh bien! c'est parce que je vais à l'affût.

— L'heure est passée pour le lièvre et le sanglier.

— Eh! dit Merlinet, il y a l'heure du canard. Bonsoir, père Gervais.

Et Merlinet sortit.

Le père Gervais le suivit du coin de l'œil.

— Toi, grommela-t-il entre les dents, tu as trop de priviléges ici. Je te jouerai un mauvais tour... C'est sûr!

L'enfant s'en alla droit à l'écurie, qui se trouvait située de l'autre côté de la cour, vis-à-vis de la porte d'entrée.

L'écurie avait une issue au dehors, une petite porte qui donnait sur l'étroite plate-forme de rochers qui servait d'assises au manoir de Ploërnec.

Bien que les temps héroïques fussent passés, on avait conservé au château un usage tout féodal.

Cet usage consistait à monter les clefs du château, chaque soir, à minuit, dans la chambre du seigneur.

La petite porte de l'écurie était comme un abus toléré, vu l'époque toute pacifique où l'on vivait.

C'était par là que les domestiques sortaient passé minuit, si par hasard ils en éprouvaient le besoin ou la fantaisie.

Merlinet ferma sur lui la porte de l'écurie et alluma une lanterne.

— Il y a une bonne trotte d'ici au val Fourchu, se dit-il. Je ne serai pas de retour avant trois heures du matin.

Le gars jeta une botte de paille à ses chevaux ; puis il s'enveloppa dans une sorte de veste en peau de mouton dont la fourrure épaisse devait le protéger contre l'âpre brise de la nuit.

Après quoi, son fusil en bandoulière, il tira le verrou de la porte qui donnait sur les roches et sortit.

Une fois dehors, Merlinet s'orienta en regardant à droite et à gauche, au-dessus et au-dessous de lui.

A gauche, il avait le château, à droite la colline, au-dessus un ciel tout brillant d'étoiles, au-dessous un brouillard épais sous lequel la mare aux Fantômes avait disparu.

Le brouillard montait du fond de la vallée et s'accrochait çà et là aux pointes de rochers de la colline, déchirant aux branches des arbres sa gaze blanche.

— M. Mariaker a bien fait de partir, se dit Merlinet ; et qui sait s'il a retrouvé son chemin ! On ne voit pas plus le Kerlandon que s'il n'existait pas...

Le gars s'engagea bravement dans un petit sentier qui courait en détours infinis à travers les rochers, tantôt dominant le précipice, tantôt s'en éloignant.

Il s'achemina pendant une heure, songeant tantôt à Mariaker, tantôt à Marthe, tantôt à cet inconnu, à ce faux mendiant dont le billet avait produit une si vive impression sur la jeune fille.

— C'est drôle tout de même ! se disait-il. Qui donc peut écrire à mademoiselle Marthe ?

Merlinet n'avait encore sur l'amour que des théories très-vagues ; cependant il fit cette réflexion.

— Ce n'est pas moi qui conterai rien de tout cela à M. Mariaker; mais il m'est avis que si j'étais à sa place et que j'eusse vent de ce qui se passe, j'aurais une fière colère...

Le chemin que suivait Merlinet après avoir longé le bord de la colline et surplombé assez longtemps la mare aux Fantômes s'enfonçait tout à coup dans les bois, sur la gauche, et conduisait à un carrefour au milieu duquel s'élevait une croix de pierre.

C'était là ce que l'on appelait le val Fourchu.

Le gars y arriva au bout d'une heure de marche.

Le brouillard était monté du fond de la vallée et s'était étendu sur les grands bois.

Cependant malgré l'obscurité, Merlinet cheminait gaiement, hardiment, tambourinant avec ses doigts sur la crosse de son fusil et sifflant un air de chasse.

Lorsqu'il entra dans le carrefour, il vit une forme noire accroupie au pied de la croix.

Cette forme s'agita, et la silhouette d'un homme se dressa, en même temps qu'une voix disait :

— Qui va là?

— Merlinet, répondit le gars.

L'homme fit deux pas en avant; Merlinet l'imita.

Lorsqu'ils furent près l'un de l'autre, Merlinet reconnut le mendiant auquel il avait ouvert deux heures auparavant la porte du château. Il le reconnut à ses habits, à son large chapeau et à sa voix, mais non à sa figure que l'inconnu cachait avec un soin extrême.

— Ah! c'est toi, Merlinet! dit le faux mendiant, je t'attendais...

— Vous auriez pu ne point venir m'attendre si loin, répondit le gars.

— As-tu une lettre pour moi?
— Non.
— Une réponse?
— Oui.
— Quelle est-elle?
— La voici : « Elle viendra! »

Le faux mendiant respira bruyamment.

— Merci, Merlinet, dit-il, tu peux t'en retourner à Ploërnec, maintenant.

— Oh! je ne suis pas pressé..

— La nuit est noire et le brouillard augmente...

— Oui, mais j'ai couru, je suis essoufflé, il faut que je me repose un peu... et puis, ajouta Merlinet à qui une singulière idée était venue, je ne serais pas fâché de causer un peu avec vous.

— Avec moi? fit l'inconnu qui tressaillit.

— Pourquoi pas? dit Merlinet.

Et il s'assit sur la pierre de la croix et prit le faux mendiant par le bras, lui disant :

— Mettez-vous donc là, près de moi.

Le mendiant s'assit.

— Que peux-tu donc avoir à me dire?

— Oh! répondit Merlinet, c'est mon idée. Je voudrais savoir ce que vous pouvez avoir de commun avec mademoiselle Marthe.

— Tu es bien curieux, gars...

— C'est que, poursuivit l'enfant, lorsqu'elle a lu votre lettre, elle était fièrement émue, allez...

— Ah! vraiment?

Et tenez, continua Merlinet en frappant sur la crosse de son fusil, aussi vrai que je n'ai ni père ni mère, si vous lui devez faire du mal ou simplement de la peine à la demoiselle, je vous tuerais comme un chien !

Le faux mendiant se prit à rire :

— Tu es un brave cœur, Merlinet, dit-il ; mais rassure-toi, je ne veux que du bien à la demoiselle, comme tu l'appelles...

— Alors, pourquoi était-elle émue ?...

— Diable ! tu m'en demandes trop... mademoiselle Marthe saura te répondre là-dessus.

Merlinet attachait sur l'inconnu un regard ardent :

— Je voudrais bien voir votre visage, dit-il.

— C'est impossible !

— Pourquoi ?

L'inconnu parut hésiter :

— Parce que, dit-il, mademoiselle Marthe ne le veut pas.

— Allons ! dit-il, je n'ai guère envie de vous croire ; mais si, par hasard, cela était, je ne me pardonnerais jamais d'avoir agi contre la volonté de la demoiselle.

Le gars se leva.

— Bonsoir, dit-il. Si vous m'avez menti, je saurai vous retrouver.

— Oh ! oh ! fit l'inconnu en riant.

— Je tue une hirondelle au vol avec une balle, répliqua Merlinet, ne l'oubliez pas... bonsoir.

Le gars remit son fusil sur l'épaule, salua le faux mendiant et s'en alla par où il était venu.

— Voilà un gaillard, murmura l'inconnu en le voyant s'éloigner, qui nous gênera bien certainement. Il faudra, si besoin est, nous en débarrasser sans scrupules.

Et lorsque les pas du gars se furent éteints dans l'éloignement et le brouillard, le faux mendiant prit le même chemin et à son tour se mit à marcher rapidement.

Merlinet, cependant, s'en allait tout pensif.

— La demoiselle, se disait-il, j'en ai le pressentiment, court quelque grave danger. J'ai mal fait de lui jurer que je me tairais. J'aurais dû prévenir M. Mariaker...

Le souvenir de Mariaker ramena Merlinet à cette pensée qu'il avait eue déjà que le jeune gentilhomme pourrait bien froncer le sourcil si, d'aventure, il venait à savoir que Marthe acceptait des rendez-vous.

Et cette pensée en amena une autre dans l'esprit de Merlinet, qui commençait à deviner.

— Pour sûr, se dit-il, c'est quelque jeune seigneur du pays breton qui aura enjôlé la demoiselle lorsqu'elle était à Nantes.. Pauvre M. Mariaker !

Tandis qu'il se mettait ainsi l'esprit à la torture pour deviner tout ou partie de la vérité, le gars arriva en cet endroit où le chemin surplombait la mare aux Fantômes. A quelques centaines de pas, on apercevait les tours de Ploërnec.

Tout à coup, le gars tressaillit, s'arrêta net et mit la main sur la détente de son fusil.

Un homme se tenait immobile au milieu du sentier :

— Au large ! cria Merlinet pensant soudain à ces fameux masques rouges dont on s'était entretenu toute la soirée dans la cuisine du château.

Un rire moqueur répondit à l'exclamation du gars.

— Ah ! ah ! dit une voix, tu as donc peur, méchant merle ?

Merlinet reconnut la voix du père Gervais.

— Je n'ai pas peur de vous, dans tous les cas, répondit-il.

Et il remit son fusil sur l'épaule et marcha droit à la rencontre du garde-chasse.

J'ai craint qu'il ne te fût arrivé quelque chose, dit ce dernier d'un ton bonhomme, et je suis venu au-devant de toi.

— Merci bien, père Gervais.

— Et, continua le garde-chasse en posant la main sur le bras de l'enfant, j'ai voulu savoir un peu aussi où tu pouvais être allé.

— Vous êtes trop curieux, père Gervais.

— C'est possible, mais je veux le savoir...

— Cela ne vous regarde pas !

— Oh ! oh ! voilà que tu me manques de respect, à moi, ton ancien ?...

— Quand les anciens, répondit Merlinet, veulent qu'on ait du respect pour eux, ils doivent se montrer bons et non pas méchants.

— Est-ce que je suis méchant ?

— Vous l'êtes avec moi. Et tenez, dit Merlinet froidement, je vais vous en dire la cause.

— Ah ! ah ! ricana le garde-chasse.

— Il parait que vous vous étiez pris d'amour pour ma mère, et comme elle n'a pas voulu de vous...

— Tais-toi, méchant merle ! dit le garde dont la voix trahit soudain une violente *querelle*.

Puis, avant que Merlinet eût songé à se mettre en garde contre une pareille agression, il le saisit à bras le corps, lui arracha son fusil et lui dit d'une voix sourde :

— Tiens ! vilain bâtard, il y a longtemps que je veux régler mes comptes avec toi. Le moment est venu.

Le vieux garde était d'une force herculéenne ; il enleva le gars de terre et le suspendit au-dessus de l'abîme.

— Je vais te laisser choir dans la mare aux Fantômes, dit-il, on croira que tu t'es noyé.

Mais l'instinct de la conservation avait pareillement décuplé les forces du gars ; ses deux mains, qui étaient demeurées libres, s'arrondirent comme un étau autour du cou du père Gervais, et le serrèrent si violemment que le garde suffoqué cessa d'étreindre le gars.

Alors, prompt comme l'éclair, Merlinet passa sa jambe dans les jambes du garde, se baissa et lui envoya un furieux coup de tête dans la poitrine.

Le garde tomba comme un bœuf sous le coup de massue ; et Merlinet, leste comme un chat, lui mit un pied sur la gorge :

— Ah! disait le gars avec colère, tu as voulu m'assassiner, vieux sournois... Eh bien ! je serai plus généreux, moi, je ne te tuerai pas... mais je veux que tu portes mes marques !

Et Merlinet appliqua un furieux coup de poing sur le visage du père Gervais et lui pocha un œil.

Puis il se releva, ramassa son fusil qui avait roulé à terre pendant la lutte et se sauva en courant vers le château.

. . . .

Non-seulement le coup de poing de Merlinet avait poché l'œil gauche du père Gervais, mais il lui avait brisé une dent et procuré un saignement de nez.

Le garde resta un moment étendu sur le sol, étourdi et n'ayant plus conscience de ce qui s'était passé.

Une voix qui lui était inconnue se fit alors entendre à son oreille, en même temps qu'un homme l'aidait à se relever.

— Hé! hé! disait cet homme qui n'était autre que le faux mendiant et qui avait assisté, invisible derrière un rocher, à cette petite bataille, hé! hé! maître Gervais, vous avez reçu, ce me semble, une jolie tripotée, comme disent les gens de Paris.

— Tonnerre et sang! murmura le garde hors de lui, je me vengerai!... Je le foulerai aux pieds, ce méchant bâtard... Je le taillerai en morceaux à coups de hache, je...

— Vous ne ferez rien du tout, répondit froidement l'inconnu.

— Oh! nous verrons bien...

— Attendu, poursuivit le faux mendiant, que demain matin Merlinet ira conter au sire de Ploërnec que vous avez voulu le jeter dans la mare aux Fantômes.

Un frisson passa par tout le corps du garde-chasse.

— Et comme le sire de Ploërnec a droit de haute et basse justice sur ses terres, il vous fera pendre.

Le frisson du père Gervais, à ces paroles, dégénéra en véritable tremblement.

L'inconnu poursuivit :

— A votre place je demanderais pardon à Merlinet, je le supplierais de ne rien dire à M. de Ploërnec. Merlinet est naïf et jeune, il vous pardonnera.

— Mais je le hais! oh! si vous saviez...

— Eh bien! la haine qu'on assouvit le mieux est celle qu'on dissimule.

Le père Gervais fit un pas en arrière et regarda l'inconnu.

— Qui donc êtes-vous? fit-il.

— Un homme qui te débarrassera de Merlinet, vieux drôle, si tu veux le servir.

Alors le faux mendiant ôta son large chapeau, et le père Gervais étouffa un cri d'épouvante.

Le faux mendiant avait un masque sur le visage.

— Un masque rouge! exclama le garde qui voulut fuir.

Mais l'inconnu lui prit le bras, et, le serrant avec force :

— Voyons! veux-tu faire un pacte? veux-tu être pour ou contre les masques rouges? Si tu nous sers...

Le père Gervais tremblait comme la feuille morte que le vent d'automne roule dans les bois.

— Vous voulez piller Ploërnec? dit-il.

— Non.

— Vrai?

— Je te le jure. Une fois encore veux-tu nous servir? A ce prix on te débarrassera de Merlinet.

La haine étouffa chez le père Gervais tout autre sentiment.

— Vous le tuerez? dit-il.

— On le noiera dans la mare aux Fantômes...

— Eh bien! soit, répondit le garde-chasse; s'il en est ainsi, disposez de moi... Je vous appartiens corps et âme.

VI

Merlinet rentra à Ploërnec par la petite porte de l'écurie, qu'il trouva grande ouverte.

C'était par là que le garde-chase était sorti.

— J'ai bien envie, pensa Merlinet, de te laisser coucher à la belle étoile et de pousser le verrou.

Merlinet était brave, il venait de le prouver ; mais il avait en outre un excellent cœur, et il fit la réflexion que la nuit était froide, et que s'il condamnait le vieux garde à passer la nuit dehors, il pourrait fort bien en mourir.

Il laissa donc la petite porte entre-bâillée, puis il gagna la cour.

Quand il fut au milieu, il leva les yeux sur la façade du manoir.

Une lumière brillait au second étage, et cette lumière provenait de la chambre de Marthe.

— La demoiselle attend mon retour, se dit Merlinet.

Il gagna la cuisine, dont on ne fermait la porte qu'au

loquet, la traversa et prit un petit corridor qui aboutissait à un escalier de service pratiqué dans une des tours.

L'enfant ôta ses souliers et monta sur la pointe du pied, sans lumière et retenant son haleine.

Tout dormait dans le château, — à l'exception de Marthe, toutefois, dont la chambre donnait sur un corridor dans lequel Merlinet s'engagea.

Lorsqu'il fut à la porte, il s'arrêta et prêta un moment l'oreille.

Il lui sembla que Marthe allait et venait par la chambre en soupirant.

Alors il frappa, disant :

— C'est moi, Merlinet.

Marthe vint lui ouvrir avec un empressement fiévreux.

Merlinet la regarda et crut s'apercevoir qu'elle avait pleuré.

— Ah ! c'est toi ! dit-elle. Tu es de retour ?

— J'arrive, mademoiselle.

— Et, dit la jeune fille avec anxiété, tu l'as trouvé ?

— J'ai trouvé l'homme qui m'a remis la lettre et je lui ai rapporté vos paroles.

Marthe lui prit la main.

— Tu es bon et dévoué, Merlinet, dit-elle.

— C'est tout simple, répondit-il.

Puis, au lieu de s'en aller, il demeura debout, au milieu de la chambre, regardant sa jeune maîtresse.

— Tu devrais aller te coucher, Merlinet, dit-elle.

— Ah ! c'est que... fit Merlinet en tortillant son chapeau, je voudrais... auparavant...

Marthe le regarda :

— Je te devine, dit-elle. Tu trouves tout cela bien extraordinaire, n'est-ce pas?

— Dame! Et puis il ne me revient pas trop, cet homme qui a l'air d'un mendiant... Est-ce que réellement vous irez au val Fourchu demain, la demoiselle?

— J'irai, dit Marthe.

Le gars soupira et fit un pas de retraite. Puis il s'arrêta de nouveau :

— Mais au moins vous n'irez pas seule? dit-il.

— Tu m'accompagneras.

L'enfant respira.

— Mais tu resteras à distance, acheva-t-elle, car ce que j'ai à dire à celui qui m'attend ne doit être entendu de personne, pas même de toi, mon pauvre Merlinet...

L'enfant soupira :

— Oh! tenez, la demoiselle, dit-il, j'ai le pressentiment que cet homme...

— Eh bien?

— Vous causera bien du chagrin.

— Tu te trompes, Merlinet.

— Alors, fit-il avec naïveté, pourquoi donc avez-vous pleuré, la demoiselle?

— C'est de joie, répondit-elle.

Ce mot ferma la bouche à Merlinet. Il souhaita le bonsoir à Marthe et s'en alla en baissant la tête et en murmurant à part lui :

— C'est égal, c'est mon idée... M'est avis que le malheur est entré ce soir à Ploërnec...

Merlinet retourna à l'écurie.

La petite porte qui donnait sur la plate-forme des rochers était toujours entre-bâillée. Le père Gervais n'était point rentré encore.

— Je pourrais faire pendre le vieux drôle, pensa l'enfant, mais je ne le ferai point. Seulement, je vais me tenir sur mes gardes.

Alors, au lieu de se glisser dans son lit, qui touchait par un côté au râtelier des chevaux, Merlinet monta au grenier à foin, qui communiquait avec l'écurie par une échelle de meunier, et se blottit dans la paille, après avoir eu soin de placer le fusil à portée de sa main.

— Le père Gervais fermera la porte, se dit-il.

Un quart d'heure s'écoula; Merlinet, qui avait le sommeil facile comme tous ceux de son âge, commençait à s'endormir, lorsqu'il entendit un léger bruit et prêta l'oreille.

C'était en effet le garde-chasse qui rentrait après avoir essuyé et lavé son visage sanglant avec de la neige.

— Hé! Merlinet? fit-il.

Merlinet ne répondit pas.

Le garde-chasse s'en alla droit au lit du jeune homme. Le lit était vide.

— Merlinet! répéta-t-il d'une voix humble et soumise, où es-tu?

— Ici, répondit Merlinet, qui pencha sa tête par la trappe du grenier à foin.

Le père Gervais fit un pas et posa le pied sur le premier degré de l'échelle de meunier.

— N'avancez pas! lui cria le jeune homme.

En même temps, le père Gervais entendit le bruit sec que fait le chien d'un fusil qu'on arme.

— Si vous montez encore un échelon, dit Merlinet, je vous tue comme un poulet.

Le garde-chasse s'arrêta.

— Tu te trompes, Merlinet, dit le garde, je n'ai plus de mauvaises intentions à ton égard.

— Ah! vraiment?

— Et je te demande humblement pardon, te jurant que désormais la haine que j'avais pour toi se changera en amitié.

— Bien vrai?

— Je te le jure, répondit le garde, qui se souciait peu d'un faux serment.

— Eh bien! dit le gars, allez vous coucher, alors.

— Mais, mon petit Merlinet, reprit le garde-chasse, tu n'iras pas, au moins, raconter ce qui s'est passé à monseigneur.

— Non, je vous le promets.

Le garde-chasse parut soulagé d'un grand poids.

— Allons, c'est bien, dit-il. Tu vaux mieux que je ne pensais et j'avais tort de te haïr. Bonsoir, Merlinet.

— Bonsoir, père Gervais.

Le garde-chasse traversa l'écurie et tira la porte derrière lui.

Merlinet descendit, poussa les verrous et regagna son lit, en disant :

— A présent je puis dormir tranquille...

Et, en effet, Merlinet s'endormit et ronfla bientôt aussi fort que l'orgue des moines du Mont-Saint-Michel.

VII

Un brillant rayon de soleil vint éveiller le chevalier René de Ploërnec-Kerlandon, qui avait dormi avec le calme et toute l'insouciance d'une belle âme.

— Hé! hé! dit-il après s'être frotté les yeux et avoir étiré ses bras, il est bon de se réveiller dans la demeure paternelle, quand on a vécu si longtemps d'une vie errante et vagabonde.

Le chevalier sauta à bas de son lit, passa son haut-de-chausses, jeta sa veste bretonne sur ses épaules, et de nouveau ouvrit sa croisée.

Le vent du matin avait balayé le brouillard; la mare aux Fantômes resplendissait aux rayons du soleil, et les collines couvertes de neige qui l'entouraient miroitaient à ce point qu'on les eût supposées surchargées de diamants.

Les yeux de René s'arrêtèrent tour à tour sur les grands bois, sur le lac, et enfin sur le manoir de ses cousins.

Ploërnec se dressait fièrement sur son roc, et ses tourelles grises montaient hardiment dans le bleu du ciel.

— Voilà un vrai castel ! pensa René ; un castel dont je serai le maître un jour et dans lequel je recevrai toute la noblesse voisine... Allons ! Mariaker est décidément né sous une mauvaise étoile...

Le chevalier contempla quelque temps encore ce panorama de l'étang, des collines boisées et du fier manoir féodal ; puis il se retourna et consulta du regard le cartel de sa chambre à coucher.

— Kerlandaz, murmura-t-il, m'a promis que si Marthe acceptait mon rendez-vous, j'entendrais, à neuf heures précises, retentir un coup de fusil au bord de la mare aux Fantômes, dans la direction du clocher de Saint-Landry. Il est neuf heures moins trois minutes... attendons !

Le cœur de René se prit à battre quelque peu :

— Ah ! ah ! dit-il en ricanant, est-ce que je vais jouer à l'amoureux, par hasard ? Non, non, Marthe n'est pour rien dans cette émotion ; il s'agit de mieux que cela... il s'agit de onze seigneuries !...

On gratta doucement à la porte.

— Entrez ! dit René.

Au mot « Entrez » prononcé par René, la porte s'ouvrit.

C'était Mariaker, suivi d'un laquais, qui déposa sur le lit de René un paquet assez volumineux, et se retira tout aussitôt.

— Frère, dit alors Mariaker en sautant au cou de René, si je n'avais écouté que l'élan de ma tendresse, je t'eusse éveillé bien avant le jour, tant j'avais hâte de te revoir et de te presser sur mon cœur. Mais j'ai voulu respecter ton repos... As-tu bien dormi?

— Comme cela ne m'était arrivé depuis bien longtemps, mon petit Mariaker.

Et René rendit à son frère caresses pour caresses.

Mariaker reprit :

— Moi, je n'ai pas dormi. J'ai passé la nuit à chercher un moyen convenable de te mettre ici en toute sûreté. Tu es bien changé, en effet, frère; tu as laissé pousser une grande barbe qui te rendra méconnaissable pour tous mes serviteurs. Je vais te donner pour un de mes amis que j'ai connu à Avranches l'an dernier. Je te conduirai à la chasse tous les jours... nous irons ensemble à Ploërnec...

René tressaillit.

— Oh! dit Mariaker, rassure-toi, je mettrai mon oncle dans la confidence. Il t'aimera comme il m'aime,

— comme il aime, ajouta le jeune homme, tout ce qui, depuis la mort de son fils, porte le nom de Ploërnec. Si tu veux, nous irons y dîner ce soir...

— Diable! pensa René, voilà qui contrarie singulièrement mes plans.

Puis, tout haut :

— Non, pas ce soir, frère.

— Et pourquoi donc, frère? demanda Mariaker.

— Parce que, répondit René, il faut prévenir mon oncle de mon retour. Va ce soir à Ploërnec, frère, et dis à mon oncle que tu m'y conduiras demain...

— Cependant....

— Oh! reprit René, tu es plus jeune que moi, Mariaker, et tu ne sais pas les histoires de notre jeunesse...

— Que veux-tu dire?

— Le vieux Ploërnec nous détestait cordialement autrefois, et mon père et moi le lui rendions bien, je te jure.

— Sa haine s'est changée en amitié.

— Pour toi, oui, mais pour moi... qui sait? J'aime autant que tu le préviennes de mon retour. Tu verras bien comment il accueillera cette nouvelle.

— Soit, dit Mariaker. J'irai seul. Mais toi?

— Moi, répondit René, après déjeuner je vais prendre un fusil et j'irai courir les bois. Il y a si longtemps que je n'ai chassé!

Mariaker inclina la tête en signe d'adhésion.

— Nous sommes de la même taille, ajouta-t-il, et j'ai pensé que mes vêtements pourraient te convenir.

— Parbleu! dit René, qui ouvrit le paquet apporté par le domestique.

Le chevalier de Ploërnec-Kerlandon s'habilla en présence de son frère.

Mariaker voulut fermer la croisée.

— Non, dit le chevalier, laisse entrer ce bon air du pays natal...

Et il se penchait de temps à autre au dehors, jetant un regard à la mare aux Fantômes.

— Kerlandaz fait bien attendre son signal! pensait le chevalier.

Soudain une détonation lointaine se fit entendre.

— Qui donc se permet de chasser sur mes terres? murmura Mariaker en fronçant le sourcil.

Mais René répondit joyeusement :

— Vas-tu pas, frère, te montrer jaloux de ton droit de chasse, comme le roi François Ier? C'est quelque pauvre diable qui tue une poule d'eau...

— Tu as raison, répondit Mariaker, il faut être indulgent...

Et, lui prenant le bras :

— Viens déjeuner !

— J'ai grand'faim, répondit René, qui se disait tout bas : Allons ! la partie est gagnée aux trois quarts, Marthe viendra au val Fourchu.

. . . .

Les deux frères passèrent la matinée à Kerlandon, assis au coin du feu, dans la grande salle des ancêtres, toute garnie de portraits de famille, et dont la cheminée portait sur son manteau l'écusson des Ploërnec : *d'azur à une merlette d'or.*

René paraissait l'homme le plus heureux du monde. Il écoutait, avec l'indulgente expérience d'un frère aîné, les aveux que Mariaker lui faisait touchant son amour ; il le réconfortait en lui disant que souvent les femmes affectent la froideur et même l'indifférence pour mieux s'assurer qu'elles sont aimées...

René avait la parole enchanteresse d'un gentilhomme élevé à la cour de Versailles, rompu aux belles manières, savant en l'art de connaître les femmes.

Au son de sa voix, la confiance de Mariaker renaissait peu à peu... Le sombre nuage qui, la veille, chargeait son front, commençait à se dissiper.

— Non, se disait-il, je suis injuste !... Il est impossible que Marthe ne m'aime pas...

Vers midi, René, fidèle à son programme, prit un fusil et dit à Mariaker :

— J'ai vu au chenil un bel épagneul marron et blanc, est-il bon ? Va-t-il bien à l'eau ?

— Il nage comme un poisson.

— Eh bien! je vais l'emmener avec moi et descendre au bord de l'étang. L'hiver est rigoureux, il doit y avoir des canards.

— Je le crois. Reviens de bonne heure, cependant, ajouta Mariaker, si tu veux me retrouver. J'irai certainement à Ploërnec avant la nuit.

— Eh bien! répliqua René, si l'ardeur de la chasse m'entraîne trop loin, nous nous trouverons toujours à ton retour de Ploërnec. Au revoir...

René siffla l'épagneul, qui, voyant le fusil, le suivit en hurlant de joie, et il descendit au bord de l'étang.

Tant qu'il se trouva en vue des croisées de Kerlandon, René s'en alla doucement, à petits pas, lançant çà et là une pierre dans les ajoncs et les broussailles du bord de l'eau; il abattit deux poules d'eau et un canard, et se dirigea ainsi jusqu'à un endroit où la mare aux Fantômes s'enfonçait dans un angle formé par la rencontre de deux collines, au milieu desquelles coulait un torrent.

De là, on ne voyait plus Kerlandon.

Alors René quitta le bord de l'étang et remonta le cours du torrent, jusqu'à ce qu'il eût atteint un énorme rocher entouré de broussailles.

Là il s'arrêta, posa deux doigts sur sa bouche, et fit entendre ce cri singulier usité comme signal parmi les masques rouges.

Deux minutes s'écoulèrent, puis un cri semblable retentit dans la profondeur des bois; puis encore, au bout de quelques instants, René vit apparaître dans le sentier qui descendait des hauteurs voisines un homme à cheval.

C'était Kerlandaz.

Kerlandaz était monté sur un de ces vaillants petits bidets bretons qui ont le jarret d'acier, la croupe anguleuse, l'œil saillant et la tête petite, — rapides comme la brise qui courbe les genêts des landes, hardis comme la chèvre de montagne aux bords des précipices, et qu'on nourrit avec une poignée de bruyère ou de foin marécageux.

Kerlandaz sauta en bas de sa monture.

— Eh bien, dit-il, tu sais?...

— J'ai entendu le coup de fusil, ce matin, et j'ai vu de la lumière à sa fenêtre toute la nuit.

— Heureux bandit! murmura Karlandaz avec un rire satanique, tu es aimé!

— Je le crois, dit René, qui caressa sa grande barbe noire avec fatuité.

— Et ton frère?

— Il m'a reçu les bras ouverts.

— Cœur naïf! ricana Kerlandaz. Maintenant, causons sérieusement.

— J'écoute.

Kerlandaz attacha son bidet à un arbre, et s'assit ensuite sur le rocher auprès de René, qui avait posé son fusil et sa carnassière à terre.

— Tu ne peux pas traverser l'étang, dit Kerlandaz, pour te rendre au val Fourchu, par l'excellente raison que, pour le traverser, il faut un chaland et qu'il n'y en a qu'à Kerlandon.

— Ce qui est absolument comme s'il n'y en avait pas, dit René, attendu que Mariaker ne manquerait pas de me demander où je vais.

— Donc, poursuivit Kerlandaz, pour que tu pusses te

trouver à l'endroit où tu verras Marthe à l'entrée de la nuit, il faut que tu contournes l'étang.

— C'est cinq bonnes lieues à faire. Mais j'ai bon jarret.

— Mon cheval a le jarret meilleur encore, et je l'ai amené exprès pour toi.

— Alors je ferai le trajet en une heure et demie.

— Ce qui va me donner le temps de t'exposer tout au long mes instructions.

— Voyons ?

— Tu verras Marthe et tu lui conteras la petite fable dont nous sommes convenus.

— Parfait.

— Tu sens bien que la femme qui aime n'acceptera jamais que son amant s'éloigne et lui fasse le sacrifice de sa vie.

— Parbleu !

— Il faut donc avouer à Marthe qui tu es...

— Bon ! après ?

— Et te montrer inflexible d'abord, en lui parlant de son repos et du bonheur de ton frère.

René se prit à rire.

— Ce cher Mariaker, dit René, il faut bien faire quelque chose pour lui...

— Ce ne sera, continua Kerlandaz, qu'à la dernière extrémité que tu consentiras à ne point partir... Mais alors, tu exigeras qu'elle renonce à Mariaker.... ce qu'elle fera sans peine puisqu'elle t'aime et ne l'aime point...

— Dis donc, interrompit René, sais-tu qu'il me vient une singulière idée.

— Parle.

— Mariaker est capable de tous les dévouements. Il renoncerait à Marthe s'il savait que je l'aime, et il serait homme, au besoin, à me conduire par la main au vieux Ploërnec, en le suppliant de me donner sa fille.

— Mon bon ami, répondit Kerlandaz avec son sourire de démon, dis-moi, je te prie, quelle conclusion tu tires de cela?

— Mais qu'on pourrait alors laisser vivre Mariaker.

— Imbécile!

— Qu'est-ce que je veux? épouser Marthe et ses huit seigneuries.

— Mais, est-ce que Mariaker mort, tu n'es pas son unique héritier?

— C'est juste. Mais, enfin, comment te débarrasseras-tu de lui?

— Et la mare aux Fantômes, donc?

— Yvonne s'y est déjà noyée pour tout le monde ici. Qui sait? On soupçonnera peut-être la vérité?

Kerlandaz haussa les épaules.

— Je sais bien, dit-il, que Mariaker est un intrépide nageur et que, au besoin, quand son chaland viendrait à chavirer, il serait homme à gagner le bord... Mais s'il est difficile de faire croire à un accident...

— Eh bien?

— On peut toujours croire à un suicide.

René ouvrit de grands yeux.

— O Kerlandaz! dit-il avec une sauvage admiration, tu es le génie incarné du mal.

— Peut-être... Maintenant, écoute encore... Lorsque Marthe sera bien résolue à renoncer à Mariaker, certainement, elle t'offrira d'avoir un entretien avec lui, de lui tout avouer et de faire un appel à sa générosité.

— Cela est incontestable.

— Eh bien! c'est là précisément ce qui ne doit pas être, ce qu'il faut empêcher à tout prix.

— Pourquoi?

— Mais parce que Mariaker est jeune, et qu'à son âge on ne meurt pas d'amour; il puisera dans son dévouement fraternel la force de vivre. Comprends-tu?

— Oui.

— Donc, il faut que tu obtiennes de Marthe qu'au lieu de parler elle écrive... Ah! j'oubliais, nous avons un auxiliaire à Ploërnec.

— Qui donc?

— Un vieux garde qui hait Merlinet et nous servira. Je reviens à Marthe. Il faut que tu la contraignes à agir ce soir encore avec Mariaker comme à l'ordinaire. Seulement, lorsqu'il partira de Ploërnec, au moment où il mettra le pied dans le chaland, on lui remettra la lettre de Marthe.

— Et puis?

— Et puis, dit Kerlandaz avec son rire d'enfer, le reste me regarde. Va!

— C'est donc pour ce soir...

— Oui.

René ne put se défendre d'un dernier tressaillement, et il pâlit.

— Vas-tu pas t'évanouir, niais! ricana Kerlandaz. Allons! à cheval!...

Le chevalier de Kerlandon détacha le bidet et sauta en selle.

— Tu me retrouveras ici, ce soir, dit Kerlandaz, bon voyage! Je prends ton fusil dont tu n'as nul besoin; il y a des pistolets dans tes fontes.

René mit son cheval au galop et prit un petit sentier qui contournait l'étang, passait au delà du village de Saint-Landry et allait, au midi de la mare aux Fantômes, s'enfoncer dans les grands bois qui s'étendaient sans interruption jusqu'au carrefour du val Fourchu...

VIII

Le vieux sire de Ploërnec, si allègre la veille lorsqu'il avait voulu reconduire Mariaker jusqu'à la porte de son manoir, s'était réveillé ce jour-là avec la goutte.

M. de Ploërnec avait soixante ans ; il avait mené une rude et joyeuse vie durant sa jeunesse, moitié de plaisir, moitié de batailles, et les médecins lui avaient prédit, depuis un an ou deux, qu'une émotion violente ou quelque excès de table pourraient bien le foudroyer au premier jour.

Son barbier, qui était quelque peu chirurgien, comme tous les barbiers d'alors, lui avait même renouvelé cette prédiction la semaine précédente.

A quoi le vieux seigneur avait répondu :

— Pourvu que j'aie le temps de marier ma fille Marthe avec Mariaker, et d'assurer ainsi la continuation de la race de Ploërnec, — c'est tout ce que je demande. Après cela, Dieu peut me rappeler à lui.

Le sire de Ploërnec s'était donc éveillé fort souffrant, et Marthe, alarmée, avait fait taire ses propres angoisses pour prodiguer ses soins à son père.

Cependant, la jeune fille n'oubliait point le rendez-vous que lui avait donné celui qu'elle croyait être le chevalier de Valigaud.

Et comme, vers deux heures de l'après-midi, M. de Ploërnec paraissait souffrir un peu moins, elle lui dit :

— Vous souvenez-vous, mon père, que chaque fois que nous allons faire brûler un cierge sur l'autel de la Vierge, à Notre-Dame de Saint-Landry, vos souffrances s'apaisent?

— C'est vrai, murmura le sire de Ploërnec qui était un fervent chrétien.

— Eh bien! j'en vais allumer un, dit Marthe qui ne laissa point à son père le temps de refuser.

Elle sonna, et dit à Madelonnette, la jolie chambrière :

— Va dire à Merlinet, petite, qu'il me selle ma pouliche et se tienne prêt à m'accompagner.

Madelonnette descendit aux cuisines, où les serviteurs devisaient entre eux, après le repas du milieu du jour.

Le père Gervais entrait en même temps que Madelonnette.

Le vieux garde avait quitté le manoir avant le jour, sous prétexte de surveiller les bois de son seigneur; mais en réalité pour dissimuler le plus longtemps possible son visage meurtri et son œil poché.

Son entrée produisit une sensation d'étonnement.

— Que vous est-il donc arrivé, père Gervais? demanda une fille de cuisine.

— J'ai roulé en bas d'un rocher, répondit le garde-chasse.

— Qui sait, fit Merlinet d'un ton moqueur, si ce ne sont pas les masques rouges qui vous ont défiguré comme cela, père Gervais?

Le garde-chasse tressaillit; puis il domina le trouble que ce nom venait de produire sur lui, et haussant les épaules :

— Tu sais bien, dit-il, qu'il n'y a plus de masques rouges, enfant. Je voulais vous faire peur à tous, hier au soir.

— Il y a si peu de masques rouges, dit un autre domestique, qu'ils ont assassiné, pas plus tard qu'avant-hier, le courrier qui portait les lettres de Mortagne à Avranches.

Un nuage passa sur le front du père Gervais.

— Qu'est-ce que tu chantes là? fit-il.

— La vérité. C'est le clerc du chapelain de Saint-Landry, que j'ai vu ce matin même, qui me l'a dit.

— Les masques rouges ont bon dos, grommela le père Gervais. Vous verrez bientôt que c'est eux qui font pleuvoir et neiger.

— Ouais! pensa Merlinet, qui attachait sur le garde-chasse un œil scrutateur, le père Gervais est bien radouci à l'endroit des masques rouges.

— Merlinet? dit Madelonnette, la demoiselle veut aller à Saint-Landry, et vous l'accompagnerez...

— Il fait pourtant bien froid, dit la vieille cuisinière.

— Vous lui sellerez sa pouliche, acheva la jolie chambrière.

— J'y vais, répondit Merlinet, qui se leva et se dirigea vers l'écurie, en disant :

11.

— C'est assez bizarre que le père Gervais ait cessé tout d'un coup de croire aux masques rouges.

Il donna une poignée d'avoine aux chevaux et les sella.

La pouliche que devait monter mademoiselle Marthe de Ploërnec était une jolie bête du Merlerault, sous poil gris, fort douce quoique pleine de feu, et que la jeune fille maniait avec une merveilleuse adresse.

Merlinet sella pour lui un vigoureux normand, et quelques minutes après il sortait du manoir derrière mademoiselle de Ploërnec.

Marthe s'était mise en selle en murmurant :

— Oh ! c'est mal... c'est bien mal, ce que je vais faire là... mais une force inconnue, irrésistible, me pousse et m'entraîne...

Merlinet mourait d'envie de questionner la jeune fille et se disait :

— Nous allons à Saint-Landry, c'est vrai ; mais au retour, nous passerons par le val Fourchu. Ah ! si je pouvais empêcher la demoiselle d'y aller... M'est avis que tout cela n'annonce rien de bon !

Malheureusement, le chemin qui conduisait à Saint-Landry était trop étroit pour que deux cavaliers y pussent passer de front.

Merlinet fut contraint de galoper derrière mademoiselle de Ploërnec jusqu'à la porte de la chapelle où elle allait faire brûler un cierge sur l'autel de la Vierge.

Lorsque la jeune fille descendit de cheval, le soleil déclinait à l'horizon. Il n'y avait plus qu'une heure de jour.

Marthe entra dans l'église, alla droit à la sacristie, où elle trouva le clerc du chapelain ; elle lui mit deux pièces d'or dans la main et lui demanda un cierge qu'elle alluma elle-même à la lampe qui brûlait nuit et jour dans le sanctuaire.

Lorsqu'elle se retourna et voulut regagner la porte e l'église, elle vit un moine de l'ordre de Saint-Michel agenouillé sur les dalles et qui paraissait adresser à Dieu une fervente prière.

Marthe s'approcha de lui.

— Mon père? dit-elle tout bas.

Le religieux releva la tête et la regarda avec étonnement.

— Que voulez-vous, ma fille? répondit-il.

— Vous demander un conseil, mon père.

Le moine se leva et lui dit :

— Je vous écoute, parlez, ma fille, et si votre cœur est affligé, je m'efforcerai de le consoler.

Le moine avait un accent ému qui descendit au fond du cœur de Marthe.

— Mon père, dit-elle, n'est-ce pas un crime d'engager sa main et sa foi à l'homme qu'on ne saurait aimer.

— C'est un crime devant Dieu, ma fille.

Marthe s'agenouilla.

— Mon père, dit-elle avec des larmes dans la voix, donnez-moi votre bénédiction et priez pour moi...

Puis Marthe se releva et sortit de l'église en se disant :

— Non, ce prêtre a raison, je ne puis pas, je ne dois pas épouser Mariaker.

L'avis du moine eut pour résultat de calmer un peu les angoisses et les remords de la jeune fille; peut-être, sans cette rencontre, eût-elle hésité, au dernier moment, à prendre la route du val Fourchu. Mais, dès lors, elle n'hésita plus.

Merlinet vint ranger son cheval auprès de la pouliche.

— Est-ce que nous retournons à Ploërnec? demanda-t-il.

— Tu sais bien, répliqua Marthe, qu'il faut que j'aille au val Fourchu.

— Mais... la demoiselle...

— Que crains-tu donc, fit-elle avec impatience, puisque tu m'accompagnes?

Merlinet s'enhardit tout à coup.

— Tenez, la demoiselle, dit-il, m'est avis que ce n'est pas bien, ce que vous allez faire là...

Marthe tressaillit; l'hésitation pénétra une seconde fois dans son cœur, mais elle se souvint des paroles du moine, et elle dit sèchement à Merlinet :

— Il le faut!

L'enfant baissa la tête et se tut.

Marthe, qui était sous l'influence d'une surexcitation nerveuse, cingla un coup de cravache à sa pouliche, qui partit au galop.

Merlinet suivait en soupirant.

Lorsqu'elle fut à mi-chemin de Ploërnec et de Saint-Landry, Marthe prit brusquement à droite et s'enfonça dans un sentier qui montait au flanc de la colline jusqu'aux grands bois.

Un pâtre gardait une vingtaine de chèvres sous les chênes blancs, au bord de ce sentier.

En voyant passer Marthe, il s'approcha et ôta respectueusement son bonnet de laine.

Marthe crut qu'on lui demandait la charité, et fouilla dans son aumônière; mais le pâtre lui dit en souriant:

— Est-ce que vous n'êtes pas la demoiselle de Ploërnec?

— Oui, certes.

— Et vous allez au Val Fourchu ?

Marthe tressaillit.

Le pâtre continua :

— Vous trouverez la personne qui vous attend dans la cabane du bûcheron qui se trouve à cent pas, dans le bois, en deçà du carrefour de la Croix.

Et le pâtre retourna auprès de ses chèvres.

Marthe tourna les yeux vers l'horizon ; le soleil avait disparu, la brume montait du fond de l'étang, la nuit approchait.

C'était l'heure du rendez-vous.

Merlinet suivait toujours tristement sa jeune maîtresse, à laquelle il n'osait plus adresser la parole ; mais il caressait parfois de la main le pommeau luisant d'une paire de pistolets qu'il avait glissés dans ses fontes :

— Voilà, disait-il, des bassets qui chanteront un drôle d'air tout à l'heure si ce qui se passe ne me convient pas...

Marthe galopait sous la futaie, et comme le jour disparaissait et que les arbres dépouillés commençaient à prendre sur la neige des formes fantastiques, elle arriva dans ce carrefour, au milieu duquel se dressait une croix de pierre.

Marthe avait tant de fois suivi son père et son frère à la chasse, elle avait galopé si souvent dans les vastes forêts qui avoisinaient Ploërnec, qu'elle en connaissait tous les sentiers.

Elle savait donc parfaitement où était située cette hutte de bûcheron dont lui avait parlé le gardeur de chèvres...

Mais au lieu de traverser le carrefour, elle s'arrêta et sauta lestement à terre.

— Tu vas me garder Fanchette, dit-elle à Merlinet.

— Comment! dit l'enfant, vous ne voulez pas que j'aille avec vous?...

— Non, Merlinet.

— Mais... la demoiselle... s'il allait vous arriver malheur?...

— Non, il ne m'arrivera rien.

Et comme Merlinet ne paraissait pas très-convaincu :

— Reste! dit-elle d'un ton impérieux.

— Allons! ce sera comme vous voudrez, soupira l'enfant.

Marthe s'éloigna et s'aventura dans un petit sentier, où bientôt elle disparut derrière les arbres.

— Oh! se dit Merlinet, j'ai mauvaise opinion... il faut que je sache... S'il arrivait un malheur, je n'aurais plus qu'à m'attacher une grosse pierre au cou et à me jeter dans la mare aux Fantômes.

L'enfant passa alors la bride de Fanchette dans la bride de son cheval et les attacha tous les deux à la croix de pierre.

Puis il prit les pistolets et les glissa dans ses poches.

Enfin, agile comme un chevreuil, il s'élança sous la futaie, il fit un détour pour que Marthe n'entendît point le bruit de ses pas, et il alla se blottir à dix pas de la hutte où se rendait la jeune-fille.

M. René de Ploërnec-Kerlandon était un chevalier galant; il avait réfléchi que sa conversation avec mademoiselle Marthe de Ploërnec pourrait être un peu longue, et qu'il serait odieux d'exposer la jeune fille aux rigueurs du froid, en plein air et les pieds dans la neige.

Aussi, après avoir attaché son cheval à un baliveau
voisin, était-il entré dans la hutte, où il n'avait trouvé
qu'une certaine quantité de broussailles auxquelles il
avait mis le feu et dont la flamme projetait une lueur
rouge autour d'elle.

Cette lueur rouge et la fumée qui s'échappait du toit
guidèrent Marthe aussi bien que Merlinet.

Celui-ci, qui se trouvait à distance, était arrivé avant
la jeune fille. Il avait vu le cheval et l'avait reconnu.

— Ça, dit-il, c'est le bidet du curé de Fontaine. Voilà
toujours un bon renseignement.

La porte de la hutte était entre-bâillée; Marthe arriva, et soudain Merlinet entendit un double cri de joie.

En même temps, la porte se ferma.

Alors Merlinet n'hésita plus, il fut en trois bonds auprès de la hutte et colla son œil à une fente qui existait
dans les ais mal joints des murs faits de terre glaise et
de madriers.

Voici ce que vit Merlinet :

Marthe éperdue, palpitante, la rougeur du bonheur
au front, était debout au milieu de la cabane.

Un homme s'était agenouillé devant elle et couvrait
ses mains de baisers...

Cet homme était tête nue, et Merlinet put contempler
ses traits à son aise.

— Ah! ah! pensa-t-il, voilà donc le mendiant d'hier
soir!

Mais René de Ploërnec ouvrit la bouche et parla :

— Ce n'est pas la même voix, ce n'est pas l'homme
d'hier, se dit Merlinet surpris.

Et il écouta.

— Ah! Marthe, chère Marthe, murmurait René, je

vous revois donc enfin ! Comme vous avez dû me haïr, me mépriser !...

— Moi, dit-elle, moi vous haïr?

— Mon Dieu ! je me suis si lâchement conduit, en apparence !

— Oh ! fit la jeune fille.

— Mais écoutez-moi, poursuivit René, et laissez-moi me justifier... car je vous aime, Marthe, je vous aime avec passion, avec enthousiasme, avec délire...

— Ah ! dit la jeune fille, je ne sais pas si vous m'aimez, chevalier, mais je sais que j'ai bien souffert de votre abandon.

— Mon abandon ! Oh ! taisez-vous, dit le chevalier. Tenez, regardez-moi ! n'ai-je pas le visage flétri d'un homme qui a longtemps vécu éloigné de la lumière du soleil et de l'air pur de la liberté? Ne voyez-vous pas que celui qui s'est mis à vos genoux est un malheureux prisonnier, un condamné à mort?...

Marthe jeta un cri.

— Oh ! vous m'écouterez, dit René. Il y a quinze mois, j'ai commis un crime aux yeux de la loi martiale... J'ai tué en duel un officier du roi sous les ordres duquel je servais. J'ai fui, je me suis réfugié à Nantes, où je m'suis caché longtemps. C'est là que je vous ai vue ; là que je vous ai aimée... Eh bien ! pendant cette nuit mêm où je vous jurai un éternel amour, Marthe, les gens du roi envahirent la maison que j'habitais, ils me chargèrent de chaînes et me conduisirent en prison !

Marthe prit avec transport les mains du jeune homme

— Oh ! pardonnez-moi, dit-elle, d'avoir douté de vous, chevalier...

— Écoutez encore, poursuivit René. On me conduisi

à Paris. Je comparus devant un conseil de guerre et je fus condamné à mort. J'avais quelques amis qui s'intéressèrent à moi et allèrent se jeter aux pieds du roi pour lui demander ma grâce. Le roi refusa, mais il consentit à un sursis. C'est pendant ce sursis que, aidé de mes amis, je suis parvenu à m'échapper de prison.

— Comment! s'écria Marthe toute tremblante, vous êtes encore sous le coup de cette condamnation?

— Hélas! dit René, et le sursis accordé par le roi expire dans trois jours.

— O mon Dieu!

— Et si je retombe aux mains des gens du roi, je serai fusillé!...

Marthe joignit les mains avec une expression d'épouvante et d'angoisse :

— Oh! non, non, dit-elle, cela ne sera pas... nous vous cacherons, mon père et moi... et puis, Ploërnec est un lieu d'asile, c'est un vieux privilége que le roi Jean accorda à un de mes ancêtres et qu'on a toujours respecté.

— Je le sais, dit René.

— Vous... le... savez?

René se remit à genoux :

— Marthe, dit-il, le jour où j'ai dû renoncer à vous, la vie m'a été odieuse. Si j'ai brisé mes chaînes, c'est que je voulais vous revoir une fois encore...

— Mais pourquoi me parler ainsi? murmura Marthe éperdue.

— Il faut pourtant que vous sachiez mon nom, Marthe.

— Votre nom?

— Oui, le chevalier de Valigaud était le nom du proscrit, mais le mien... Ah! tenez, Marthe, pardonnez-moi d'avoir manqué de confiance en vous, car le nom que je porte, vous le connaissez... bien des fois vous avez dû l'entendre prononcer dans votre jeunesse.

Marte le regarda avec stupeur...

— Je m'appelle René, continua-t-il, je suis le frère de Mariaker.

Marthe jeta un cri.

— De Mariaker, votre fiancé, ajouta René avec amertume.

Et comme elle attachait sur lui un œil hagard.

— Mariaker vous aime, reprit-il. C'est un bon et brave jeune homme, il vous rendra la plus heureuse des femmes. Adieu, Marthe, adieu!... ne m'oubliez pas dans vos prières.

Il se leva, mit un ardent baiser sur la main de la jeune fille et voulut faire un pas vers la porte de la hutte.

Marthe le retint :

— Vous ne partirez pas! dit-elle.

— Vous voulez donc me faire assister au bonheur de Mariaker.. Ah! ce serait trop de douleurs pour moi... Adieu, Marthe...

Et il repoussait la jeune fille avec énergie, ajoutant :

— Maintenant que vous êtes à jamais perdue pour moi, je vais me livrer avec joie aux gens de Sa Majesté. Pour ceux qui souffrent, la mort est une délivrance!

Mais la jeune fille se plaça devant la porte avec résolution :

— Écoutez-moi, René, dit-elle, je n'aime pas Mariaker et je vous aime.... Ce n'est pas lui que j'épouserai...

— Oh ! fit René, qui parut chanceler.
— C'est vous, ajouta-t-elle.
— Non, non, s'écria René, c'est impossible !... Moi le proscrit, moi le maudit et le vagabond, prendre la place de Mariaker...
— Je vous aime, répéta Marthe, et je ne l'aime pas. Mariaker est un bon et loyal jeune homme, je lui avouerai tout, je lui offrirai l'amitié d'une sœur...
— Non, interrompit René, c'est impossible !
Alors il raconta à Marthe qu'il était arrivé la veille à Kerlandon, que son frère l'avait reçu à bras ouverts et qu'il serait le plus indigne des hommes s'il venait ainsi briser son bonheur.

Une fois encore il voulut fuir pour aller se livrer, disait-il, aux gens du roi.

Mais alors Marthe lui prit les deux mains, lui tendit son front et lui dit :

— Je suis votre femme !

Et dès lors, la feinte résistance de René fut vaincue, et Mariaker fut sacrifié sans retour.

Le chevalier de Ploërnec-Kerlandon avait, nous l'avons dit déjà, une parole enchanteresse, une persuasion infernale.

Il obtint de Marthe qu'elle ferait pour la dernière fois bon accueil à Mariaker ; que si Mariaker venait à parler de lui, René, elle ferait tous ses efforts pour demeurer impassible.

Enfin, il lui donna la substance de cette lettre de rupture qu'elle aurait à lui écrire, et qui devait être conçue à peu près en ces termes :

« Je ne veux pas vous tromper, je ne veux point vous

« rendre le plus malheureux des hommes... Depuis
« longtemps mon cœur ne m'appartient plus. »

René insista surtout pour qu'elle ne le nommât point dans sa lettre.

— Je me jetterai à ses genoux demain, fit-il, et je lui demanderai pardon de lui avoir ainsi volé son bonheur...

Les deux amants causèrent longtemps encore, mais tout à coup Marthe tressaillit : le bruit lointain d'une cloche se fit entendre.

— Partez, lui dit René... et à demain !...

Merlinet s'était déjà élancé loin de la hutte, et il avait rejoint ses chevaux avant que Marthe arrivât au carrefour de la Croix de pierre.

— Pauvre M. Mariaker ! s'était-il dit, il est capable d'en mourir.

. . . .

Lorsque Marthe fut partie, après lui avoir de nouveau tendu son front, René de Ploërnec demeura un moment sur le seuil de la hutte, l'oreille tendue.

Il entendit la jeune fille qui échangeait quelques mots avec Merlinet, puis le pas des chevaux qui s'éloignaient.

— Maintenant, se dit-il, en selle ! et ne perdons pas une minute !

Il fit le tour de la cabane pour aller détacher son cheval ; mais tout à coup il s'arrêta stupéfait.

A l'aide de cette clarté vague qui se dégage des nuits d'hiver, il venait d'apercevoir une empreinte de pas sur la neige...

Cette empreinte paraissait venir du fond du taillis et s'arrêtait derrière la cabane.

En cet endroit, la neige était foulée et René remarqua la fente du mur.

— Quelqu'un nous a vus et nous a écoutés ! se dit-il en proie, malgré lui, à une secrète épouvante.

Alos René mit ses pistolets à la main et se mit à suivre la trace des pas au rebours.

Cette trace le conduisit jusqu'au carrefour de la Croix de pierre.

Là, elle se confondait avec le piétinement des deux chevaux.

René ne douta plus. Merlinet l'avait vu, Merlinet avait écouté sa conversation avec Marthe.

— Oh ! oh ! se dit-il, Kerlandaz a raison ; cet enfant est gênant, et il faudra s'en débarrasser au plus vite !... pourvu qu'il ne prévienne pas Mariaker ce soir !

Et René, anxieux et tout pensif, rejoignit son cheval, sauta en selle et partit.

IX

Mariaker avait attendu René jusqu'après le coucher du soleil.

René ne vint pas.

Alors Mariaker fit sa plus galante toilette, passa deux pistolets à sa ceinture, ceignit sa petite épée de gala et descendit au bord de l'étang.

Le chaland de Kerlandon était amarré dans une petite anse de la mare aux Fantômes. Mariaker sauta dedans, prit sa perche et poussa au large.

Le soleil, en disparaissant derrière les collines de l'horizon, avait laissé dans le ciel une belle teinte pourpre qui se reflétait dans les eaux du petit lac.

La soirée était calme, silencieuse.

Mariaker attacha son regard sur les tourelles de Ploërnec :

— O Marthe, murmura-t-il, si tu savais combien je t'aime!... L'heure de mon bonheur approche, continua-

-il, et cependant je ne sais quelle vague tristesse emplit mon cœur. J'ai de funestes pressentiments...

Ce fut en proie à de sinistres pensées que Mariaker toucha l'autre rive.

Il gravit le petit sentier qui montait à Ploërnec, le front penché et le visage soucieux; quand il souleva le marteau de bronze de la porte, il éprouva comme un malaise indéfinissable.

Ordinairement c'était Merlinet qui venait ouvrir.

Cette fois, ce fut une servante.

— Où est donc Merlinet? demanda le jeune homme.

— Il a accompagné mademoiselle.

Mariaker tressaillit.

— Mademoiselle! dit-il, où donc est-elle?

— Elle est allée à Saint-Landry.

Toujours triste, toujours préoccupé, Mariaker monta à la grande salle du manoir, où le vieux sire de Ploërnec, qui ne pouvait pas marcher, s'était fait rouler dans un fauteuil.

— Ah! mon pauvre neveu, dit le vieux seigneur en voyant entrer le fiancé de Marthe, la goutte m'a repris, et je crois qu'elle finira par m'étouffer.

— Bah! mon oncle... chassez donc ces vilaines idées. Est-ce que vous souffrez beaucoup?

— Moins depuis une heure, et j'attribue ce soulagement à ma bonne petite Marthe.

— Comment cela, mon oncle?

— Elle est allée à Saint-Landry me faire brûler un cierge, la chère enfant.

— Est-ce qu'elle n'est point de retour encore? demanda Mariaker avec inquiétude.

Le vieux gentilhomme se prit à sourire:

— O les amoureux! dit-il, vous êtes tous les mêmes, enfants! Voilà-t-il pas que te voilà tout penaud et tout ahuri parce que ta fiancée n'est pas ici?

— C'est qu'il fait froid, mon oncle.

— Bah! Marthe a le sang de Ploërnec dans les veines, elle ne craint ni le chaud ni le froid.

— Et puis, voilà qu'il fait nuit.

— Sa pouliche a le pied sûr.

— Oui, mais les chemins sont mauvais... et puis...

— Et puis, quoi encore? fit le vieillard en souriant.

— Il y a, dit-on, dans le pays, de mauvais enfants qui courent les routes la nuit.

— Merlinet est avec elle.

— Merlinet n'est qu'un enfant, mon oncle...

— Bon! murmura M. de Ploërnec, est-ce que tu vas, toi aussi, croire aux masques rouges?

— Vous avez raison, mon oncle, dit Mariaker rassuré par le calme du vieux Ploërnec, je suis fou...; mais si vous saviez combien j'aime notre petite Marthe!

— Certes, monsieur mon neveu, il faut que tu l'aimes!... Ne va-t-elle pas être ta femme?

Le cœur de Mariaker battit violemment.

— Et, tiens, poursuivit le vieux Ploërnec, puisqu'elle n'est pas là, si tu le veux, nous allons causer.

— Je vous écoute, mon oncle.

— Fixons donc le jour... hein? J'ai la goutte, je puis mourir... et ne veux pas m'en aller de ce monde avant que l'avenir de Ploërnec soit assuré.

Mariaker mit la main sur sa poitrine pour l'empêcher d'éclater.

— Que penserais-tu de dimanche prochain? C'est au

jourd'hui mardi. Tu n'aurais plus que cinq jours à attendre...

— Ah! mon oncle...

Dès demain je mettrai mes vassaux à cheval dans toutes les directions pour annoncer le mariage à la noblesse voisine; poursuivit le vieillard. Quand les Ploërnec se marient, il faut qu'il en soit parlé dans la province. Voyons, est-ce convenu?

— Si Marthe le veut, oui, mon oncle.

— En doutes-tu, ingrat?

Et M. de Ploërnec enveloppa son futur gendre d'un regard tout paternel.

Mariaker songea alors à René.

— Mon oncle, dit-il, vous souvenez-vous de mon frère?

— Hein? fit le vieillard qui bondit sur son siége où le clouait la maladie, j'espère bien qu'il est mort, ce drôle, ce vagabond, qui a mangé sa légitime...

— Vous êtes dur pour lui, mon oncle. C'est mon frère...

— Tu as raison. Mais...

— Il n'est pas mort, reprit Mariaker, mais il est proscrit, malheureux, et ce n'est point l'heure de l'accabler de reproches.

— Tu as donc de ses nouvelles?

— Il est venu hier soir frapper à la porte de Kerlandon.

— Et tu l'as reçu?

— N'est-ce point mon frère? dit simplement Mariaker.

Alors le noble jeune homme raconta au vieux Ploërnec le retour du frère prodigue, et il eut des accents si

12

touchants et si pathétiques, il plaida la cause de René avec tant de chaleur, que le père de Marthe finit par s'attendrir.

— Eh bien! dit-il à Mariaker, nous le sauverons! J'ai quelque crédit encore à la cour ; le maréchal de Richelieu faisait grand cas de moi, et il est tout-puissant... j'obtiendrai sa grâce!

— Mais, mon oncle, dit Mariaker, si d'ici là les gens du roi...

— Comment! dit le vieux châtelain, tu ne sais donc pas que Ploërnec est *lieu d'asile?* Amène René ici ; j'en réponds sur ma tête...

— Vous êtes noble et bon, mon oncle!...

Il y avait déjà longtemps que Mariaker était arrivé à Ploërnec, et Marthe ne revenait pas.

Le jeune homme, inquiet, s'était plusieurs fois déjà mis à la fenêtre, prêtant l'oreille et explorant du regard le chemin de Saint-Landry, qui, on s'en souvient, courait au bord de l'étang.

Enfin l'inquiétude de Mariaker finit par gagner le vieux Ploërnec lui-même.

— Je vais à sa rencontre! dit Mariaker que ses pressentiments sinistres agitèrent de nouveau.

Il s'élança hors du château et prit la route de Saint-Landry.

Mais comme il descendait rapidement au bord de l'étang, il entendit le galop de plusieurs chevaux résonner en haut des rochers, sur le chemin des bois.

Alors Mariaker remonta, courant toujours, et il atteignit la grand'porte du manoir, au moment même où Marthe et Merlinet en franchissaient le seuil.

— Ah! Marthe, dit Mariaker d'une voix émue, pouvez-vous nous tourmenter ainsi, votre père et moi?

— Il est vrai que j'ai bien tardé, en effet, répondit la jeune fille un peu troublée.

— Mais d'où venez-vous? demanda le jeune homme.

— De Saint-Landry. Bonsoir, Mariaker...

— Ce n'est pourtant pas le chemin de Saint-Landry que vous suiviez tout à l'heure.

Merlinet vint au secours de Marthe.

— Le chemin de Saint-Landry est glacé, dit-il. Les chevaux bronchaient à chaque pas. Nous avons dû prendre par les bois, c'est ce qui nous a retardés.

Mariaker respira.

Il aida Marthe à descendre de cheval et lui offrit la main jusqu'à la grande salle.

— Ah! ma pauve enfant, dit le vieux Ploërnec en tendant les bras à sa fille, il faut te hâter de mettre ta main dans la main de Mariaker. Il devient fou...

Marthe pâlit, mais elle eut assez d'empire sur elle-même pour sourire.

— Vraiment? dit-elle.

On vint annoncer presque aussitôt que le souper était servi.

On roula le vieux Ploërnec dans la salle à manger et on se mit à table.

Fidèle aux instructions de René, Marthe s'efforça d'être gaie; elle n'eut que de bonnes paroles pour Mariaker: et Mariaker commençait à se dire que M. de Ploërnec avait raison de le taxer de folie, et que ses pressentiments et sa tristesse n'avaient pas l'ombre du bon sens, lorsque le père de Marthe dit tout à coup :

— A propos, tu sais que nous avons fixé le jour...

Marthe tressaillit; un pâleur mortelle se répandit sur son visage.

— Ce sera pour dimanche.

A ce dernier mot, Marthe étouffa un cri et glissa, défaillante, de son siége sur le parquet.

Mariaker s'élança vers elle.

— C'est le bonheur qui lui fait du mal, dit le vieux Ploërnec.

Marthe s'était évanouie.

On lui fit respirer des sels, on la transporta dans sa chambre, et bientôt elle revint à elle.

Elle vit alors Mariaker agenouillé au pied de son lit et pleurant.

— Pauvre Mariaker! dit-elle en lui tendant la main, qu'il couvrit de baisers.

Puis, comme si elle eût redouté une explication, elle se hâta d'ajouter :

— Ce n'est rien... je vais mieux... c'est l'émotion qui m'a fait du mal... et puis, j'ai eu froid en route...

— Marthe, murmura Mariaker, j'ai compris... vous ne m'aimez pas...

Elle eut un geste d'impatience.

— Vous êtes fou! dit-elle.

Et comme il se levait lentement :

— Allez rejoindre mon père, dit-elle. Laissez-moi me remettre un peu... je veux être seule quelques instants.

Les volontés de Marthe étaient des ordres pour Mariaker.

Le jeune homme sortit.

Marthe se prit alors à fondre en larmes.

— Non, dit-elle, je ne puis pas épouser Mariaker;

mais je ne puis pas non plus le laisser s'illusionner plus longtemps.

Elle se leva, alla s'asseoir devant une table, prit une plume et écrivit une longue lettre à Mariaker.

Dans cette lettre, qu'elle arrosa de ses larmes, la jeune fille avouait à son fiancé qu'elle aimait depuis plus d'un an un homme dont le souvenir emplissait son cœur et à qui elle avait donné toute son âme.

Cependant, elle ne nommait point René.

Quand elle eut écrit, elle sonna.

Madelonnette vint.

— Dis à mon père, ordonna Marthe, que je suis souffrante et vais me mettre au lit. Je désire être seule; tu souhaiteras le bonsoir pour moi à M. Mariaker.

Madelonnette allait sortir :

— Envoie-moi Merlinet, ajouta la jeune fille.

La chambrière alla d'abord informer le sire de Ploërnec de la résolution de sa jeune maîtresse, puis elle se mit en quête de Merlinet.

Merlinet se promenait gravement dans la cour du manoir, pensif et se livrant à un long monologue.

Après avoir mis ses chevaux à l'écurie, les avoir convenablement bouchonnés et jeté dans leur râtelier deux bottes de paille fraîche, l'enfant était entré dans la cuisine, où il avait trouvé le père Gervais en train de boucler ses guêtres.

Le père Gervais était garde-chasse à Ploërnec, parce que son père l'avait été avant lui, et son grand-père avant son père.

C'était là le seul titre sérieux qu'il eût à ce poste de confiance.

Car le père Gervais était un tireur médiocre, il relevait mal un défaut, prenait un ragot pour une laie bréhaigne, était poltron comme un lièvre et se garait des maraudeurs et des braconniers, comme un diable de l'eau bénite.

Depuis le commencement des froids rigoureux, le père Gervais quittait rarement le coin du feu, et s'il sortait, son fusil sur l'épaule, c'était en plein soleil, avec l'intention de ne point perdre de vue les tourelles de Ploërnec.

Merlinet fut donc stupéfait de le voir, à huit heures du soir, boucler ses guêtres et décrocher son fusil.

— Où diable allez-vous donc, père Gervais? lui demanda-t-il.

— Mon petit Merlinet, répondit le garde d'une voix doucereuse, je vais surprendre un braconnier.

— Vous! fit Merlinet d'un air de doute.

— Est-ce que ce n'est pas mon métier et mon devoir?

— C'est vrai ; mais... enfin, c'est drôle!... murmura Merlinet.

— Ce matin, poursuivit le père Gervais, que le scepticisme de Merlinet déconcertait quelque peu, ce matin, j'ai trouvé dans le bois Verrier un trou d'affûteur.

— Ah!

— C'est quelque drôle de Saint-Landry qui vient nous détruire nos sangliers. Je veux le pincer... Il faut faire un exemple!

— Et vous ferez bien! dit Merlinet qui affecta, dès lors, une parfaite indifférence. Seulement, prenez garde aux masques rouges!

— Encore! dit le garde. Allons! est-ce que tu y crois, maintenant?

— Moi ! non ; mais vous ?...
— Moi, j'ai voulu rire, balbutia le père Gervais.

Merlinet sortit et se prit à arpenter la cour de long en large.

— Ma parole d'honneur ! se disait-il, depuis vingt-quatre heures il se passe de singulières choses à Ploërnec...

— La demoiselle s'est affolée d'un homme qui a une triste mine, — une mine qui ne me revient pas plus qu'un chat ne revient à un chien...

Et voici que le père Gervais, un poltron fieffé, qui tremblait de tous ses membres quand on parlait de masques rouges, prétend maintenant que les masques rouges n'existent pas, et s'en va courir les bois la nuit... Oh ! il faut que je sache où il va...

Merlinet prenait subitement cette résolution, lorsque Madelonnette vint lui dire :

— La demoiselle veut vous parler.
— Où est-elle ?
— Dans sa chambre.

Merlinet monta chez Marthe qu'il trouva assise devant son feu, l'œil brillant de fièvre, le teint empourpré.

— Mon petit Merlinet, lui dit-elle, voici une lettre que tu remettras à M. Mariaker.

Merlinet ne tendait point la main pour saisir cette lettre.

— Eh bien ! fit Marthe, tu hésites...

— Ah ! dame ! murmura l'enfant avec émotion, c'est une idée à moi que cette lettre lui fera bien de la peine, à M. Mariaker.

— Il le faut ! dit Marthe avec résolution.

Merlinet prit la lettre :

— Faut-il la lui donner tout de suite?

— Non, dit Marthe. Lorsqu'il s'en ira, tu descendras avec lui au bord de la mare aux Fantomes, et tu lui remettras cette lettre au moment où il montera dans le chaland.

Merlinet s'inclina et se dirigea vers la porte. Quand il fut sur le seuil, il se retourna tristement :

— Réfléchissez bien, la demoiselle, dit-il, que M. Mariaker est un bon et brave gentilhomme qui vous aime.

Marthe ne répondit pas.

Merlinet demeura un moment immobile sur le seuil.

— Mais va donc! fit la jeune fille avec une impatience fiévreuse.

On eût dit qu'elle voulait se faire violence à elle-même et s'ôter tout moyen de revenir sur sa décision.

Merlinet tira la porte sur lui et s'en alla en poussan un gros soupir.

Comme Merlinet arrivait au bas du grand escalier, i entendit le bruit sourd que faisait la porte extérieur du manoir en se fermant.

— C'est le père Gervais qui sort, pensa l'enfant. Oh. j'ai bien le temps de remettre cette lettre maudite M. Mariaker... Le pauvre jeune homme! Je veux savoi d'abord où va ce vieux drôle.

Merlinet courut à l'écurie et sortit par la petite porte.

Un moment il demeura blotti derrière un tronc d'ar bre, pensant que le père Gervais allait passer devan lui pour prendre le chemin des bois.

Mais il fut trompé dans son attente.

Alors il fit le tour du château, et lorsqu'il fut sous la façade du nord, il aperçut le père Gervais qui descendait rapidement vers l'étang.

— Ce n'est pas un braconnier, c'est un pêcheur qu'il veut surprendre! murmura l'enfant avec ironie. Et il suivit le garde-chasse des yeux.

La nuit était assez claire, mais le brouillard, qui s'élevait presque toutes les nuits, commençait à s'étendre sur la mare aux Fantômes.

— Ah! pensa Merlinet, si le brouillard pouvait s'épaissir comme hier, je reconduirais M. Mariaker, et je pourrais lui parler.

L'enfant suivait toujours des yeux le père Gervais, et il attendait qu'il fût assez loin pour ne pas être entendu derrière lui, et se mettre aussitôt à sa poursuite.

Mais, tout à coup, il fut bien étonné en voyant le garde-chasse s'arrêter à l'endroit où Mariaker laissait habituellement son chaland, et où celui de Ploërnec se balançait pareillement sur son amarre, car chaque manoir avait une barque sur le petit lac.

— Décidément, se dit l'enfant stupéfait, c'est bien à la pêche qu'il va.

Le brouillard qui venait de l'ouest s'allongeait toujours sur le lac.

Merlinet vit le père Gervais qui détachait un des chalands, sautait dedans et, d'un vigoureux coup de perche, poussait au large.

— Mais où va-t-il donc?... se demandait l'enfant.

Il le suivit des yeux pendant quelque temps, puis il vit le chaland tourner vers l'ouest et se perdre peu à peu dans l'obscurité et le brouillard.

— Encore un mystère ! se dit-il.

Un moment, Merlinet avait eu la pensée de descendre à son tour au bord de l'étang, de détacher l'autre chaland et de suivre le père Gervais.

Une réflexion prudente l'arrêta. L'enfant songea que s'il agissait ainsi, il donnerait l'éveil au garde-chasse ; il rentra au château en disant :

— Je finirai bien par savoir...

. . . .

Cependant Mariaker avait terminé tristement son souper, malgré les bonnes paroles du vieux Ploërnec.

— Mon cher enfant, disait le vieillard, lorsqu'ils furent revenus dans la grande salle, Marthe est femme, et les femmes sont nerveuses, fantasques, capricieuses.

Elle t'aime, n'en doute pas, mais elle a été froissée peut-être que nous ayons fixé le jour de votre mariage sans la consulter.

Mariaker secouait la tête.

— Ah ! mon oncle, disait-il, j'ai bien peur que vous ne vous trompiez.

— Fou que tu es !

— J'ai peur qu'elle ne m'aime pas...

— Et qui veux-tu donc qu'elle aime, cette enfant qui n'a jamais vu que toi ? fit le vieux Ploërnec avec impatience, n'as-tu pas tout ce qu'il faut pour être aimé ? n'es-tu pas jeune et beau, dévoué et bon ?

Mariaker ne répondit pas. Une larme brûlante tomba de ses yeux sur la main du vieillard.

— Allons ! enfant ! dit le vieux seigneur en lui tendant les bras, aie donc confiance en moi... Je t'assure qu'elle t'aime... et je te jure qu'elle n'aura d'autre époux que toi !...

Bien que mademoiselle de Ploërnec eût fait dire qu'elle ne reparaîtrait pas au salon, Mariaker osa espérer encore qu'elle reviendrait sur cette décision si cruelle pour lui. Il espéra longtemps, il espéra jusqu'au dernier moment, jusqu'à minuit.

Alors seulement il comprit que Marthe ne quitterait plus sa chambre.

— Je la verrai demain matin, dit le vieux Ploërnec, et je vous réconcilierai. C'est une petite capricieuse qui veut te mettre à l'épreuve.

Mariaker s'en alla navré.

Tandis qu'il traversait la cour du manoir, il entendit la voix de Merlinet qui l'appelait, et l'enfant accourut à lui.

— Monsieur Mariaker, dit l'enfant, je voudrais bien vous accompagner.

— Et pourquoi donc, Merlinet ?

— Parce qu'il y a depuis une heure un gros brouillard sur la mare aux Fantômes.

— Bah ! répliqua Mariaker, le brouillard ne m'empêche pas de retrouver mon chemin. Ne suis-je pas arrivé hier au soir sain et sauf au Kerlandon ?

— C'est vrai... Mais le brouillard de ce soir est plus épais encore que celui d'hier.

— Tu crois ?

— Oh ! j'en suis sûr.

Une pensée, rapide comme l'éclair, traversa le cerveau du jeune gentilhomme. Il songea que Merlinet était le frère de lait de Marthe, qu'elle le prenait pour confident et que peut-être il aurait le secret des mystérieuses tristesses de la jeune fille.

— Eh bien! soit, dit-il. Viens avec moi... Mais comment retourneras-tu?

— Je prendrai votre chaland et demain j'irai vous chercher au Kerlandon.

— Soit! dit Mariaker.

Ils descendirent au bord de l'étang.

Le brouillard qui avait continué à monter avait empêché Merlinet de voir revenir le père Gervais, mais il constata son retour en trouvant les deux chalands à leur place.

Mariaker sauta dans le sien et s'écria tout à coup :

— Tiens! on s'est servi de mon chaland, je ne l'amarre jamais comme ça.

— C'est le père Gervais, dit Merlinet.

— Le père Gervais!

— Oh! tenez, monsieur Mariaker, dit l'enfant, j'ai voulu vous accompagner ce soir, non-seulement à cause du brouillard, mais encore parce que j'ai beaucoup de choses à vous dire.

— A moi, Merlinet?

— Il se passe des événements bien bizarres à Ploërnec depuis deux jours, continua l'enfant; le père Gervais, un poltron, fait des absences nocturnes et a voulu m'assassiner hier au soir...

— Que dis-tu? exclama le jeune homme.

— Poussez le chaland, dit Merlinet qui sauta dans la barque.

Lorsque nous serons sur l'étang, je vous en dirai bien d'autres.

Mariaker donna un vigoureux coup de perche, et le chaland, rapide comme un cygne, glissa sur l'étang silencieux.

— Vous aimez donc bien la demoiselle? continua Merlinet d'une voix tremblante.

— Si je l'aime! dit Mariaker avec émotion. Peux-tu donc en douter?

— Mais enfin, monsieur Mariaker, on dit que l'amour, ça va et ça vient. Ça se passe quelquefois... Peut-être qu'un jour vous n'aimerez plus la demoiselle...

— Moi, ne plus l'aimer! ah! tu es fou, Merlinet!... Mais tu ne sais donc pas que si elle ne m'aimait pas... Eh bien! j'en mourrais!...

Merlinet eut pitié de Mariaker.

— Pauvre jeune homme! se dit-il. Non, je ne lui donnerai pas la lettre... il serait capable de se noyer dans l'étang.

— Mais pourquoi me dis-tu donc tout cela? Merlinet.

— Moi? Oh! je ne sais pas... c'est une idée comme ça qui m'a passé dans la tête...

— Ne me disais-tu pas tout à l'heure qu'il se passait de drôles de choses à Ploërnec?

— C'est vrai...

— Eh bien! explique-toi.

— C'est le père Gervais qui...

Merlinet s'interrompit brusquement.

— Tonnerre! s'écria-t-il, j'ai les pieds dans l'eau... le chaland est percé.

Il y avait déjà dix minutes que la frêle embarcation glissait sur l'étang.

Le brouillard était si épais qu'on ne voyait ni les lumières de Kerlandon ni celles de Ploërnec.

Et le fond de la barque s'emplissait d'eau.

Mariaker et l'enfant se penchèrent, cherchant la voie d'eau à tâtons, avec la main.

13

— Ah! le misérable! exclama tout à coup Merlinet..., c'est le père Gervais!... J'ai la main sur le trou...

On avait, en effet, percé un trou avec une vrille dans le bordage du chaland, un peu au-dessus de l'endroit que l'eau atteignait lorsque la barque était vide.

Mais le poids du corps de Mariaker devait enfoncer le chaland d'un demi-pied, et le trou se trouvant alors au-dessous du niveau de l'étang, l'eau était entrée lentement, peu à peu.

— Poussez vite, monsieur Mariaker, poussez! dit Merlinet. J'ai appuyé ma main dessus... l'eau n'entrera pas.. poussez! nous aurons le temps de retourner à Ploërnec. Oh! le père Gervais! c'est de ma main qu'il mourra!

Mariaker donna encore deux ou trois coups de perche, au hasard, car le brouillard ne lui permettait plus de voir à deux pas devant lui...

Puis, tout à coup, il poussa un cri à son tour.

La perche s'était enfoncée dans l'eau sans trouver le fond; le chaland avait dévié de son chemin habituel et se trouvait au milieu de l'étang en un endroit dont on n'avait jamais pu sonder la profondeur.

Nous sommes dans le trou des Fantômes, Merlinet! cria Mariaker. A la nage! à la nage! c'est le seul moyen de nous sauver!...

— Va pour la nage! répondit Merlinet qui ôta ses souliers.

Mais, comme il allait s'élancer dans l'eau, disant :

— Suivez-moi, monsieur Mariaker! je trouverai bien mon chemin.

Ils entendirent résonner sur le lac, à une faible distance, le bruit cadencé d'une paire d'avirons qui frappaient l'eau tour à tour.

— Au secours! cria Mariaker; à moi!... à moi!...

— C'est une barque de pêcheurs de Saint-Landry, répondit Merlinet, qui se remit à aveugler la voie d'eau avec sa main.

Le bruit des avirons se rapprocha... puis, on entendit une voix qui disait :

— Où êtes-vous, les gens en détresse?

— Par ici, au trou des Fantômes, répondit Mariaker.

Les avirons frappaient l'eau rapidement, et la voix répétait :

— Courage! nous allons à votre secours!

Enfin, dans l'épaisseur blanche du brouillard, une forme noire se dessina.

C'était la barque qui s'approchait. Trois hommes la montaient.

— Jetez-vous à l'eau! cria encore la voix. Nous ne pouvons pas avancer davantage sans danger.

Merlinet jeta un cri.

— C'est la voix du mendiant! dit-il.

Et soudain un pressentiment sinistre l'agitant, il cria à Mariaker :

— N'y allez pas, monsieur Mariaker, n'y allez pas!

Mais déjà Mariaker s'était jeté bravement à l'eau, et il nageait vigoureusement vers la barque.

Il l'atteignit enfin, saisit le bordage avec les mains.

Soudain, comme Mariaker se hissait hors de l'eau, Merlinet demeuré dans le chaland entendit un éclat de rire satanique; une lueur rougeâtre se fit, suivie d'une détonation, et le gars épouvanté vit, à l'aide de cette clarté, Mariaker sanglant retomber dans le gouffre qui se referma sur lui.

Trois hommes masqués montaient la barque...

— Les masques rouges! murmura l'enfant.

Et Merlinet se jeta bravement à l'eau et voulut fuir dans le brouillard.

Mais alors, la barque un moment arrêtée se remit en marche, et Merlinet qui nageait avec l'énergie du désespoir entendit la voix du mendiant qui disait :

— A l'autre, maintenant! il faut bien faire quelque chose pour le père Gervais!...

Merlinet était bon nageur; il avait pris de l'avance, il nageait sans bruit...

La barque s'était arrêtée une fois encore, mais bientôt les avirons résonnèrent de nouveau et, quelque effort que fit Merlet, il perdit peu à peu la distance qu'il avait mise entre ses persécuteurs et lui.

— Où veux-tu que je vise? dit encore la voix.

Merlinet plongea...

Mais comme il reparaissait à la surface pour respirer, il entendit une autre voix répondant à celle du mendiant.

— Ne tire pas! assez d'un coup de pistolet, un second gâterait tout...

L'enfant plongea encore, il nagea longtemps entre deux eaux; un moment il espéra se soustraire au sort qui l'attendait...

Mais le brouillard s'épaississait de plus en plus... et Merlinet nageait, nageait sans savoir où il allait...

Ses forces s'épuisaient peu à peu. La barque était maintenant tout près de lui... Il fit un dernier effort, donna un dernier coup de talon, et tout à coup il vit apparaître le bord de l'étang à quelques brasses devant lui.

Encore une minute, et Merlinet était sauvé...

Mais soudain la barque arriva sur lui, un des masques rouges leva son aviron, puis le laissa retomber...

Et Merlinet, atteint à la tête, exhala un cri d'agonie et disparut, laissant à la surface de la mare aux Fantômes l'eau toute rougie de son sang...

Alors une voix railleuse murmura :

— Monsieur le chevalier de Ploërnec-Kerlandon, vous voilà maintenant baron de Ploërnec-Ploërnec !...

Et la barque vira de bord, regagna le large et disparut de nouveau dans le brouillard...

. . . .

X

Huit jours s'étaient écoulés.

Le Kerlandon, vers minuit, était encore éclairé. Les domestiques du manoir, rangés au coin du feu, dans une vaste salle du rez-de-chaussée, que le défunt seigneur, M. Mariaker de Kerlandon-Ploërnec, leur abandonnait durant les hivers rigoureux, devisaient tristement entre eux des événements qui s'étaient accomplis depuis quelques jours.

— Mes enfants, disait le vieux Yaume, parlons bas, car le nouveau maître a l'oreille fine, et ce serait dur de voir des gens d'âge chassés de la maison où ils ont passé leur vie.

Une servante sexagénaire répondit :

— Eh bien! moi, dussé-je aller mendier mon pain par les chemins et de maison en maison, ça ne m'empêchera point de parler.

— Tais-toi, Marianne.

— Bah ! bah ! je sais bien ce que je dis. Vous n'avez pas reconnu le maître, vous, quand il est revenu, mais la vieille Marianne l'a bien reconnu, elle, et elle s'est dit tout de suite qu'il n'amenait rien de bon à Ploërnec.

— Mais tais-toi donc, vieille sorcière ! tu vas nous faire chasser...

— Eh bien ! on nous chassera. J'aime autant cela que de servir M. René... Ah ! vous ne vous souvenez pas, vous autres...

— Moi, dit Yaume tout bas, je me souviens que lorsqu'il était ici, du temps de sa jeunesse, il était méchant et dur, âpre au pauvre monde comme un homme de justice...

Un jeune gars qui remplissait les fonctions de garde-chasse murmura, les larmes aux yeux :

— Pauvre M. Mariaker !... était-il juste et bon, lui !... Et dire qu'il s'est péri par désespoir d'amour, vu, paraît-il, que la demoiselle de Ploërnec ne l'aimait pas.

— Tu es bien savant, Simonneau, dit le vieux Yaume, comment sais-tu ça ?

— C'est le père Gervais, le garde-chasse de Ploërnec, qui me l'a dit.

La servante haussa les épaules.

— Tout le monde dit que M. Mariaker s'est tué sur l'étang, rapport que la demoiselle ne l'aimait pas... mais...

— Tu as pourtant bien entendu le coup de pistolet... à preuve que nous étions tous ici, au coin du feu, avec le maître du jour d'aujourd'hui, qui disait :

— Est-ce que Mariaker revient toujours aussi tard de Ploërnec ?

Marianne reprit :

— C'est ben possible que la demoiselle ne l'aimât point... les femmes, c'est capricieux... mais Mariaker était trop bon chrétien pour se tuer...

— Pourtant, dit Yaume, nous avons retrouvé son corps au bord de l'étang, le lendemain, avec la figure en lambeaux, par suite du coup de pistolet.

— C'est vrai, mais j'ai mon idée tout de même.

— Et quelle est-elle, ton idée?

La vieille servante baissa la voix :

— On a assassiné M. Mariaker!

Ces mots jetèrent l'épouvante et la consternation parmi les serviteurs.

Aucun d'eux n'avait encore eu cette pensée sinistre.

— Et qui veux-tu donc qui l'ait assassiné? dit Yaume; M. Mariaker n'avait pas d'ennemis...

— A savoir...

— Tout le monde l'aimait...

La vieille hocha la tête et garda un morne silence.

— Dans tous les cas, continua Yaume, ce n'est pas le nouveau maître, vu qu'il a passé toute la soirée ici, avec nous, et que je l'ai reconnu...

La vieille s'obstina à garder le silence.

— Oh! pour ça, non, fit le jeune garde Simonneau, moi je ne suis ici que depuis deux ans, et je ne sais pas si autrefois M. le chevalier était dur au monde, mais je sais bien qu'il a pleuré, que ça fendait le cœur, quand on a retiré M. Mariaker de l'eau...

— Et quand on l'a enterré, donc, dit un autre domestique, j'ai cru que M. le chevalier allait s'évanouir sur la tombe.

La vieille Marianne, peu convaincue sans doute, continua à branler la tête et murmura :

— Vous verrez... vous verrez plus tard !

— C'est égal, continua Yaume, il y a tout de même dans tous ces malheurs une chose bien étonnante.

— Laquelle?

— Le petit Merlinet ne s'est pas retrouvé.

— C'est vrai, ça.

— Les uns disent qu'il était avec M. Mariaker sur l'étang.

— Oh ! ça n'est pas sûr. D'abord M. Mariaker revenait toujours seul de Ploërnec.

— Et puis, dit un autre domestique, si Merlinet avait été avec lui, M. Mariaker ne se serait pas tué.

— C'est encore vrai.

— Il n'est pas moins vrai que Merlinet a disparu juste le soir où M. Mariaker s'est tué.

— Mes enfants, reprit Marianne, je suis vieille, et on ne croit pas toujours les vieux. Cependant je vous assure qu'il s'est passé des choses étranges sur l'étang... Jacquet le berger a entendu parler...

— Avant ou après le coup de pistolet que nous avons entendu?

— Avant et après. On a crié : « Au secours ! » et puis il a entendu rire...

Le garde Simonneau haussa les épaules :

— Faut pas trop croire à ce que dit Jacquet, fit-il.

— Pourquoi donc?

— Parce que c'est un garçon un peu affolé. Il prend les arbres pour des fantômes et le vent pour les plaintes des trépassés...

— Mais enfin, dit le vieux Yaume, si M. Mariaker

avait été assassiné, qui donc aurait pu commettre le crime ?

— Les masques rouges ! dit une voix.

Tout le monde frissonna. La vieille Marianne ne souffla mot.

— En attendant, continua Yaume, je voudrais bien savoir quel est ce gentilhomme qui vient d'arriver.

— Je ne sais pas si c'est un gentilhomme, mais il a une figure qui ne me revient guère.

— Ni à moi, dirent plusieurs voix l'une après l'autre.

— Le nouveau maître a demandé à souper, et puis ils se sont enfermés là-haut dans la salle verte...

— Et, ajouta Yaume, le nouveau maître a défendu qu'on vînt le déranger.

— Tout ça, dit Simonneau, ne nous regarde pas. Allons nous coucher !...

— Oh ! toi, fit la vieille Marianne avec colère, tu trouves beau tout ce qui est nouveau !... et pourvu que tu y trouves ton compte...

— Vous avez tort de parler ainsi, la Marianne, répondit Simonneau. J'ai pleuré et je pleure ce pauvre M. Mariaker autant que vous ; mais enfin, puisqu'il est mort, et que son héritage revient à son frère... C'est toujours Ploërnec, après tout.

— A preuve, dit Yaume en manière de conclusion, qu'on dit que M. le chevalier épousera la demoiselle de Ploërnec, afin que le nom ne s'éteigne point. Bonsoir, les enfants...

Le vieux Yaume se leva et alluma sa chandelle pour aller se coucher dans les combles du château ; mais comme il faisait deux pas vers la porte, un nouveau personnage parut sur le seuil de la salle.

— Tiens, dit Yaume, c'est Jacquet le pastour.

— Jacquet l'*affolé*, dit Simonneau.

Le nouveau venu était un grand jeune homme mince et pâle, aux cheveux d'un blond incolore, aux grands yeux bleus sans expression. Un sourire un peu niais glissait sur ses lèvres. En dépit du hâle des champs, il avait le visage blanc et de vraies mains de demoiselle.

La démarche de Jacquet le pastour avait quelque chose de brusque et d'inégal.

Sa parole était lente, solennelle, et parfois empruntait des tournures étrangement poétiques. Jacquet était ce qu'on appelle vulgairement un *illuminé*. Il se promenait quelquefois la nuit en dormant, les yeux fermés, et il marchait droit son chemin, comme en plein jour.

Il alla droit à Simonneau.

— Pourquoi donc m'appelles-tu l'*affolé* ?

— Parce que tu n'es pas toujours dans ton bon sens, pauvre pastour.

— C'est-à-dire que j'entends ce que vous n'entendez pas et que je vois ce que vous ne sauriez voir.

— Hé ! le pastour, dit Marianne, n'est-ce pas que le soir où M. Mariaker est mort, tu as entendu parler sur l'étang ?

— Oui.

— Tu en es bien sûr ? dit Simonneau.

Le pâtre appuya une main sur son cœur :

— Je le jure sur le salut de mon âme ! dit-il.

Ce serment parut faire une certaine impression sur l'auditoire.

— Comme depuis trois jours, poursuivit le jeune berger, j'entends d'étranges bruits, la nuit, dans le Kerlandon.

Simonneau se mit à rire.

— Encore quelque histoire de fantôme? fit-il.

— La nuit dernière, j'ai entendu le galop d'un cheval au bord de l'étang.

— Et puis? insista l'incrédule Simonneau.

— Ce matin, bien avant le jour, quand je me suis evé, dit encore Jacquet, j'ai vu une lumière dans la vieille tour abandonnée... là-bas... au bout du parc.

— Ah! vraiment?

— Je ne sais si c'est l'âme de M. Mariaker qui revient, acheva le pâtre; mais j'entends souvent marcher dans la grande salle, depuis minuit jusqu'à trois heures du matin.

Simonneau haussa les épaules de nouveau et s'en alla.

Yaume le suivit, répétant à demi-voix :

— Je voudrais pourtant bien savoir quel est ce gentilhomme qui soupe là-haut avec M. le chevalier.

— Qui sait, grommela Marianne, la vieille servante, si ce n'est pas le meurtrier de M. Mariaker!...

Ces mots produisirent une sorte d'épouvante parmi les serviteurs, et Yaume s'en alla disant :

— Cette vieille sorcière en dira tant qu'elle nous fera chasser.

Tous les serviteurs sortirent l'un après l'autre, effrayés de l'audace de la vieille femme.

Marianne demeura seule en tête-à-tête avec Jacquet le pastour, qui s'était mélancoliquement assis au coin du feu, sa tête pâle appuyée dans ses deux mains.

XI

Tandis que les serviteurs jasaient au rez-de-chaussée, voyons ce qui se passait dans la grande salle de Kerlandon.

Deux hommes étaient à table, en face l'un de l'autre.

— Sommes-nous bien seuls, chevalier? disait l'un des convives en se versant à boire.

— Tu le vois...

— Nul ne peut nous entendre?...

— Sois tranquille. Le manoir est sonore comme un tambour. On entend monter et descendre.

— Alors, causons.

— Mais d'abord, Kerlandaz, mon bon ami, dit René, raconte-moi donc comment la chose s'est passée sur l'étang...

— Comme nous l'avions prévu, Mariaker en détresse a crié : « Au secours ! » Nous sommes arrivés, il s'est jeté à la nage, et comme il saisissait de ses deux mains le bord de la barque, Pontermer lui a cassé la tête d'un coup de pistolet...

— Et Merlinet ?

— Oh ! celui-là, nous ne comptions pas sur lui. Mais il a eu son compte, je l'ai assommé d'un coup d'aviron.

— Es-tu bien sûr qu'il soit mort ?

— Parbleu !

— C'est que nous n'avons pas retrouvé son corps, comme on a retrouvé celui de Mariaker.

— Eh bien ! l'étang qui le garde encore le rendra un de ces jours.

— Nous n'avons pas retrouvé non plus la lettre de Marthe dans les vêtements de Mariaker.

— Peut-être que Merlinet ne la lui avait point encore remise.

— Ah ! reprit le chevalier, si Marthe n'avait parlé, les choses tourneraient mal.

— Que veux-tu dire ?

— J'ai craint un moment que le vieux Ploërnec ne devinât la vérité.

— Allons donc !

— Mais Marthe a tout sauvé. On ne se figure pas combien l'innocence vient souvent au secours du crime.

— Conte-moi donc ce qui s'est passé.

— Voici, dit René, qui se versa pareillement à boire. Tu vas voir que le diable est pour nous.

— Mais, ricana Kerlandaz, je n'en ai jamais douté.

Le chevalier de Ploërnec-Kerlandon reprit :

— Tu penses bien qu'après t'avoir quitté là-bas, à l'endroit où le matin tu m'avais remis ton cheval, je suis revenu à Kerlandon sans m'arrêter.

Il était huit heures du soir lorsque j'entrai dans la salle basse où se chauffaient les gens du château.

Je posai mon fusil dans un coin et je vins m'asseoir près du feu.

Alors les serviteurs se levèrent avec respect, et le vieux Yaume, ce bonhomme qui a tenu tout à l'heure la bride de ton cheval, se pencha vers moi et me dit :

— Monsieur René, ce n'est pas la peine de vous cacher plus longtemps. Nous vous avons reconnu.

Ces mots me firent froncer le sourcil.

— Mais n'ayez crainte, ajouta-t-il, ce n'est pas les gens qui mangent le pain de Ploërnec qui trahiront jamais Ploërnec.

— Eh bien! alors, mes amis, dis-je tout haut, puisque vous savez qui je suis, servez-moi à souper et reprenez votre place au feu.

— Mais, monsieur le chevalier, dit Yaume, on vous a allumé du feu dans la grande salle.

— Oh! répondis-je, je préfère rester ici, avec vous, mes amis. Les Ploërnec ne sont pas fiers comme des Gentillâtres...

— On me dressa mon couvert auprès du feu et je me mis à souper.

Tout en mangeant, je m'enquis des nouvelles du pays et je parus me réjouir fort du prochain mariage de Mariaker avec Marthe de Ploërnec. Je parlai de lui avec affection, je rappelai au vieux Yaume que lorsque j'étais enfant, je portais souvent le petit Mariaker sur mes épaules.

Les domestiques m'écoutaient et me faisaient bon accueil.

Un seul paraissait me regarder de travers. C'est une

vieille cuisinière appelée la Marianne, et que j'ai fort molestée dans ma jeunesse.

La soirée se passa.

— Mais, dis-je, vers dix heures, Mariaker revient donc bien tard de Ploërnec?

— Jamais avant minuit, me répondit Yaume. Monsieur le chevalier devrait bien aller se coucher.

— Oh! non, répondis-je, je l'attendrai, ce cher frère.

Peu après, je m'appuyai sur un des grands chenets en fer de la cheminée, et je feignis de m'endormir.

Les gens de Mariaker respectèrent mon prétendu sommeil.

Vers minuit, j'eus l'air de m'éveiller :

— Comment! dis-je, Mariaker n'est point encore revenu?

— Non, me dit le garde Simonneau, et même que nous sommes inquiets.

— Pourquoi donc? demandai-je.

— Parce qu'il y a un gros brouillard sur l'étang.

Je me levai et me mis à la fenêtre :

— Puisqu'il n'est pas revenu encore, il aura couché à Ploërnec.

— Nenni point! dit une des servantes, M. Mariaker revient toujours.

Ce fut en ce moment que retentit le coup de pistolet.

— Jésus Dieu! s'écria Yaume, qu'est-ce donc que cela?

— C'est quelque braconnier, répondit Simonneau, l' garde-chasse.

— Le brouillard est bien épais, murmurai-je.

— Et puis, dit un domestique, c'est au milieu de l'étang qu'on a tiré.

A partir de ce moment, je manifestai une certain

inquiétude que bientôt partagèrent les gens de Mariaker.

Une heure s'écoula.

— Il faut aller à Ploërnec, dis-je.

— J'y ai bien pensé, répondit Yaume, mais nous n'avons pas de barque. M. Mariaker a emmené le chaland.

— Eh bien! il faut faire le tour par terre.

— Par Saint-Landry il y a cinq lieues... et par Aunay il y en a trois...

— Oh! dit Simonneau, je me charge bien d'y aller en une demi-heure avec la cavale de M. Mariaker, elle est vite comme le vent.

— Vas-y donc!... m'écriai-je...

Simonneau courut à l'écurie, sauta sur la jument et la lança à fond de train sur la route d'Aunay.

— Pendant son absence, je continuai à me montrer fort inquiet.

Simonneau revint :

— Je n'y comprends rien, dit-il; M. Mariaker est parti de Ploërnec à minuit.

— Où donc est-il allé?

— Personne n'a pu me le dire. Faut croire, ajouta le garde, qu'il se sera perdu dans le brouillard et que le courant qui est au milieu de l'étang l'aura entraîné vers Saint-Landry.

J'envoyai un domestique à Saint-Landry.

On n'avait pas vu Mariaker, comme tu le penses.

Au point du jour, je montai à cheval moi-même et je courus à Ploërnec, désolé, éperdu...

Ce fut Marthe qui me reçut.

Le vieux Ploërnec était encore au lit et ne savait rien de la disparition de Mariaker. Mais Marthe avait déjà le pressentiment d'une partie de la vérité :

— Ah ! me dit-elle en fondant en larmes, qu'avons-nous fait? C'est ma lettre qui aura plongé Mariaker dans la désolation et le désespoir...

Je la calmai de mon mieux. Nous avertîmes le vieux Ploërnec.

La douleur du bonhomme fut immense; et cependant rien ne prouvait encore que Mariaker fût mort.

Tout à coup un domestique arriva du Kerlandon avec la nouvelle que le corps de Mariaker, sanglant, défiguré, était venu s'échouer au bord de l'étang.

Un moment je crus que Marthe allait devenir folle et son père mourir d'une apoplexie foudroyante.

Le vieux Ploërnec parlait d'assassinat; sa fille le détrompa.

— Non, non, dit-elle, Mariaker s'est tué parce que je ne l'aimais pas!...

Marthe avoua alors qu'elle n'éprouvait pour Mariaker que l'amitié d'une sœur, qu'elle s'était décidée à le lui écrire.

Le vieux Ploërnec l'écoutait et semblait ne point la comprendre.

Cependant les femmes ont sur elles un tel empire, que, malgré son désespoir, Marthe ne trahit point notre amour...

A l'heure qu'il est, le vieux Ploërnec est encore à mille lieues de soupçonner la vérité.

— C'est heureux! interrompit Kerlandaz.

Le chevalier reprit :

— Tu conçois que j'ai été d'une convenance parfaite et d'une douleur des plus majestueuses. Le vieux Ploërnec en a été touché.

Le soir des funérailles de Mariaker, il m'a dit :

— René, mon enfant, j'ai à te parler sérieusement.

Bien que j'eusse déjà deviné le motif de cet entretien, j'ai pris un air fort étonné.

Le Ploërnec s'enferma avec moi et me dit :

— J'ai écrit au maréchal de Richelieu et j'obtiendrai ta grâce; mais ne t'inquiète point de cela, et songeons à Ploërnec, c'est-à-dire à notre race qui ne doit point s'éteindre. Il faut que tu épouses Marthe...

Le chevalier s'interrompit et regarda Kerlandaz :

— Allons! dit celui-ci, tout va comme sur quatre roues. A quand la noce?

— Dans six mois, à l'expiration du deuil de Marthe.

Kerlandaz fronça le sourcil :

— C'est long, dit-il.

— Hélas! murmura René, mais comment faire?

— Et si, d'ici là, le vieux Ploërnec vient à mourir?...

— C'est à peu près sûr. Cependant, murmura René, je partage tes inquiétudes; d'autant plus que depuis deux jours j'ai constaté, ici, deux faits assez extraordinaires...

— Ah!

— On s'est introduit dans ma chambre pendant que j'étais à Ploërnec.

— Et on t'a volé?

— Oui. On m'a pris une lettre de toi, celle que tu m'as envoyée il y a trois jours.

Kerlandaz tressaillit.

— Heureusement, reprit René, qu'elle était conçue en termes obscurs...

— Et non signée... ajouta Kerlandaz. Es-tu sûr de tes gens?

— Voilà ce que je ne puis affirmer; mais la disparition de cette lettre m'inquiète.

— Qui sait si tu ne l'as point perdue?

— Oh! j'en suis sûr.

— Ceci, murmura Kerlandaz, est plus grave en effet que tu ne le penses toi-même... Voyons le deuxième fait extraordinaire?

— C'est étrange que je devrais dire. Il y a au bout du parc une vieille tour en ruines qu'environne une superstition populaire. Cette tour servait jadis de beffroi. Une nuit, dit la tradition, la cloche du beffroi tinta toute seule. On attendait le sire de Ploërnec, mon ancêtre, qui était allé à Mortagne. Le sire ne vint pas, car il avait été assassiné sur la route, auprès d'un bois, juste à l'heure où la cloche du beffroi avait sonné.

— C'est assez bizarre, dit Kerlandaz.

— Voilà pour la légende, continua René. Maintenant, hier au soir, un peu avant minuit, j'ai ouvert ma fenêtre. Il faisait un temps affreux, le vent balayait la neige et soulevait sur l'étang de véritables vagues. Mes yeux s'arrêtèrent sur la tour en ruines, et je vis briller une lumière derrière ses créneaux.

— Mais tu n'entendis pas la cloche, je présume?

— Non, car il n'y a plus de cloche.

— Alors, qu'as-tu fait?

— Je suis descendu aux cuisines et j'ai constaté que tous les serviteurs du château s'y trouvaient. Je suis sorti sans bruit alors et je me suis dirigé vers la tour.

— Et la lumière brillait toujours?

— Toujours. Seulement, quand j'ai été tout près de la tour, elle s'est éteinte.

— Et tu es entré?

— Je suis retourné au château, j'ai pris une torche et mon épée et je suis allé faire l'inspection de la tour. Les planchers se sont effondrés, il ne reste que la toiture. J'ai fouillé les broussailles qui l'environnent, j'ai cherché partout...

— Et tu n'as rien trouvé?

— Rien.

Le chevalier de Kerlandaz demeura rêveur un moment :

— Écoute, dit-il enfin, j'ai un seul conseil à te donner...

— Parle.

— Abrége les six mois si tu peux. Il doit y avoir ici quelqu'un qui soupçonne la vérité. Hâte-toi d'épouser Marthe.

A ces mots, Kerlandaz se leva.

— Vraiment, dit René, tu ne veux point coucher ici?

— Non, car Pontermer m'attend. Et puis, il est inutile, si déjà quelqu'un chez toi soupçonne une partie de la vérité, il est inutile, dis-je, qu'on s'occupe de moi. Je me suis donné pour un de tes amis qui venait te demander à souper sans façon ; laisse-moi continuer ma route.

— Où te reverrai-je?

— Demain soir, sur le chemin, à ton retour de Ploërnec.

— Très-bien.

René frappa sur un timbre, et à ce bruit un valet monta.

— Le cheval de monsieur est-il prêt? demanda le chevalier.

René reconduisit son hôte jusque dans la cour du manoir, lui tint l'étrier lui-même et lui souhaita bon voyage, comme à un homme qu'on ne reverra pas de longtemps.

Puis il remonta dans sa chambre, s'y enferma et se mit au lit, bien décidé à rêver des huit belles seigneuries que Marthe de Ploërnec lui apporterait en dot.

Mais, contre son habitude, — car René était trop endurci dans le crime pour avoir des remords, — il ne put parvenir à fermer les yeux.

Le sommeil ne vint pas, et l'inquiétude que ses révélations touchant le vol de la lettre et la lumière nocturne de la vieille tour avaient fait naître chez Kerlandaz, finit par le gagner.

Le cartel de sa chambre à coucher sonna deux heures du matin. René ne dormait pas encore...

Tout à coup un bruit étrange le fit bondir hors de son lit.

La sueur au front, le cœur palpitant, — il écouta...

XII

Janvier était près de finir. Depuis quelques jours, le froid était moins vif, mais un vent violent s'était déchaîné et mugissait à travers les créneaux et les tours du vieux manoir de Kerlandon.

Le bruit que René avait entendu était le son d'une cloche mêlé aux rafales du vent.

Pendant quelques minutes, immobile, glacé d'effroi, le chevalier, qui avait soufflé sa bougie en se couchant, demeura pieds nus et en chemise au milieu de sa chambre.

La cloche vibrait toujours...

— J'ai le vertige et je suis fou! se dit-il enfin en faisant un effort suprême. C'est le vent qui fait grincer les girouettes des toits.

Il se dirigea en chancelant vers la croisée et l'ouvrit.

Mais alors les sons arrivèrent plus distincts à son oreille. Une cloche vibrait dans la vieille tour.

En même temps, René vit une lumière passer et repasser tremblotante derrière les créneaux du beffroi en ruines.

Après avoir failli tomber à la renverse, le chevalier parvint à maîtriser son épouvante. C'était un esprit fort que René de Ploërnec-Kerlandon ; il avait passé douze années à Paris, au milieu d'une cour sceptique et corrompue ; il ne croyait ni au doigt de Dieu, ni aux apparitions, ni à rien de surnaturel.

— On se joue de moi ! se dit-il. J'ai eu tort de laisser partir Kerlandaz : deux hommes valent mieux qu'un... mais n'importe ! j'aurai bonne raison du mystificateur.

Le chevalier s'habilla à la hâte, sans bruit, sans lumière.

Il prit son épée et passa deux pistolets à sa ceinture.

Puis il sortit de sa chambre sur la pointe du pied, et, une fois dans le corridor, il prêta l'oreille.

La cloche mystérieuse ne vibrait plus et aucun bruit ne se faisait entendre dans le château.

— Ils dorment tous comme des brutes qu'ils sont, murmura René, et c'est bien heureux, car si l'un d'eux eût entendu cette cloche, il ne manquerait point de dire demain que Mariaker a été assassiné.

Le chevalier marchait en étouffant le bruit de ses pas.

Il gagna, à tâtons, un petit escalier tournant qui descendait dans le parc.

Cet escalier aboutissait à une porte qui s'ouvrait à l'entrée d'une longue allée de vieux tilleuls conduisant à la tour en ruines.

— Si j'avais suivi ce chemin, pensa René, la lumière ne se fût point éteinte. Il faut que je surprenne mon veilleur nocturne.

Et il continuait à marcher avec précaution, évitant de faire crier le sable sous ses pieds.

A travers les branches dépouillées des tilleuls brillait toujours cette lumière, qui semblait errer, comme un feu-follet, à l'intérieur de la ruine.

René, son épée d'une main, son pistolet de l'autre, marcha résolûment jusqu'à la vieille tour.

Mais au moment où il allait en franchir le seuil, la lumière disparut...

Le chevalier, loin de s'effrayer, s'enhardit au contraire.

— Allons! cria-t-il, les revenants sont priés de ne point demeurer ainsi dans les ténèbres... et je les adjure, fût-ce l'ombre de Mariaker lui-même, de rallumer leur bougie.

Soudain, et comme si les esprits nocturnes qui hantaient la vieille tour eussent voulu prouver au chevalier leur bon vouloir, une clarté se fit...

Clarté étrange, fantastique, bleuâtre comme les flammes du punch que l'impie chevalier avait allumées si souvent dans ses nuits d'orgie... Et, à cette clarté, René, immobile sur le seuil de la tour, vit se dresser devant lui une forme blanche...

En même temps, la cloche invisible et mystérieuse tinta trois coups lugubres, trois glas de trépassé.

Tout esprit fort qu'il était, au bruit de cette cloche, à cette clarté surnaturelle, à cette apparition, le chevalier sentit ses cheveux se hérisser.

La forme blanche s'avança lentement vers lui.

Soudain René tressaillit, jeta un cri et recula.

La forme blanche étendit la main vers lui, et comme s'il eût été dominé par ce geste, le chevalier cessa de reculer.

14

— Ah ! dit alors le fantôme, tu m'as reconnue, René ?

C'était une femme jeune et belle encore, malgré la pâleur qui couvrait son visage de trépassée, en dépit de ce long suaire blanc qu'elle entr'ouvrit, montrant à René sa poitrine au milieu de laquelle était une plaie béante, d'où s'échappaient encore quelques gouttes de sang.

Le linceul était pareillement ensanglanté.

— Ah ! tu m'as reconnue, René l'assassin, René le maudit ! reprit l'apparition.

Elle fit un pas de plus.

L'épouvante s'empara de nouveau du chevalier, et il recula encore...

La cloche tintait toujours par intervalles...

— René, dit le fantôme, qu'ai-je besoin de te dire mon nom ? tu sais bien qui je suis...

Dieu m'a permis de sortir de ma tombe, René, pour venir te reprocher tous tes crimes... et t'empêcher de commettre le dernier, le plus épouvantable de tous.

Le chevalier tremblait et voulait fuir... mais il sentit ses jambes se dérober sous lui. La terreur l'étreignait.

— René, assassin de Mariaker, continua le fantôme, je t'ordonne de fuir dès le point du jour... Je te défends d'épouser Marthe... A ce prix, Yvonne que tu as perdue, Yvonne que tu as assassinée, te pardonnera et priera Dieu qu'il te pardonne à son tour !

Et comme le fantôme d'Yvonne, la trépassée, achevait, la cloche cessa de vibrer et la lueur étrange s'éteignit.

La vieille tour se trouva replongée dans les ténèbres, et la blanche apparition disparut.

Le chevalier demeura longtemps immobile sur le seuil

de la tour, le front baigné de sueur, la gorge crispée, en proie à une sorte de délire.

Et puis tout à coup une pensée bizarre lui vint.

— Yvonne est-elle bien morte ? se dit-il.

Alors l'esprit fort reprit son empire ; René le maudit, un moment terrassé, retrouva son audace et il s'écria :

— La tour n'a qu'une porte, et je vais bien savoir si le fantôme est rentré sous terre.

Alors encore il étendit la main et pressa la détente de l'un des pistolets...

Le coup partit, une lueur se fit qui éclaira, l'espace d'une seconde, l'intérieur de la tour en ruines ; mais René n'aperçut point le fantôme...

La trépassée était sans doute retournée dans le pays des âmes.

En même temps la cloche tinta de nouveau, et René entendit la voix du fantôme retentir au-dessus de sa tête.

— Si tu ne pars demain, disait-elle, si tu n'abandonnes pas Ploërnec pour toujours, la justice des hommes et celle de Dieu, que je tiens en suspens, s'appesantiront sur toi...

L'esprit fort fut vaincu de nouveau ; la peur reprit René, et il s'enfuit vers le château...

. . . .

Le lendemain, au point du jour, le chevalier de Ploërnec-Kerlandon, qui avait passé une nuit vertigineuse, vit entrer dans sa chambre Yaume, le vieux serviteur.

— Ah ! monsieur le chevalier, lui dit-il, avez-vous entendu l'ouragan de cette nuit ?

— Oui, balbutia René.

— Mais vous n'avez entendu que cela, monsieur le chevalier, n'est-ce pas ?

— C'est bien assez, il me semble.

— Votre Seigneurie a peut-être le sommeil dur...

René tressaillit.

— Pourquoi donc me demandes-tu cela ? fit-il brusquement.

— Parce que cette nuit, dit-on, la cloche de la vieille tour a sonné.

— Il y a donc une cloche dans la tour ?

— Mais non, monsieur le chevalier.

— Alors, il est difficile d'entendre une cloche qui n'existe pas.

— C'est ce que je m'efforce de leur faire comprendre.

— A qui ?

— A tous ces imbéciles qui prétendent avoir entendu la cloche.

— Et... quels sont-ils ?

— Il y a d'abord l'innocent, comme on l'appelle, Jacquet le pastour.

— Bon ! il est *affolé* celui-là. Et les autres ?

— Simonneau le garde-chasse.

— Je croyais que Simonneau était un garçon de bon sens ?

— Hélas ! moi aussi.

— Et... après ?

— Et la Marianne...

— Celle-là radote. Maintenant, si tu veux mon sentiment, le voici : il y a à Saint-Landry une cloche qui vibre les nuits d'orage, c'est l'habitude. Le vent aura apporté jusqu'ici les sons de cette cloche...

— Ah ! c'est bien possible cela, mais...

— Quoi encore ? demanda le chevalier.

— Simonneau prétend qu'il a vu de la lumière par deux fois cette nuit dans la vieille tour.

Le chevalier répliqua froidement :

— Simonneau a raison.

Le vieux Yaume laissa échapper un geste d'étonnement.

— C'est moi qui me suis levé cette nuit, continua René, et je suis allé me promener dans le parc. Puis, j'ai eu fantaisie d'entrer dans la ruine, et j'ai allumé une torche que j'avais prise avec moi.

Cette explication parut soulager le vieux Yaume d'un grand poids ; il respira bruyamment.

— Ah ! dit-il, je vais leur faire honte, à tous ces niais qui prétendent que ce pauvre M. Mariaker ne s'est point *péri* lui-même.

— Et comment veulent-ils donc qu'il soit mort ? fit le chevalier.

— Ils disent qu'on l'a assassiné, répondit le vieux serviteur...

— Oh ! oh ! pensa René en fronçant le sourcil, Kerlandaz a raison, il faut se hâter...

Puis il sauta hors de son lit et rouvrit sa croisée.

Le vent s'était apaisé, un tiède rayon de soleil resplendissait sur l'étang, le ciel était bleu.

— Bah ! se dit le chevalier redevenant impie et sceptique, les morts n'ont aucun pouvoir sur les vivants... Tant pis pour l'ombre d'Yvonne... j'épouserai Marthe et je serai quelque jour baron de Ploërnec-Ploërnec.

. . . .

XIII

Ce jour-là, M. le chevalier René de Kerlandon dîna au manoir de Ploërnec.

Le dîner fut triste et silencieux, comme cela convient chez des gens affligés.

Le vieux Ploërnec parla plusieurs fois de son cher Mariaker avec des larmes dans les yeux, et souvent Marthe et René se regardèrent avec consternation.

— Mon ami, dit le vieux seigneur lorsque René s'apprêta à regagner le Kerlandon, mon barbier, qui se connaît en médecine aussi bien qu'un docteur, m'a répété ce matin que je n'avais pas six mois de vie devant moi.

— Votre barbier est un âne, mon oncle, répondit le chevalier.

— Tu comprends bien que je le souhaite de tout mon cœur; mais, en attendant, je prends mes dispositions.

— Que voulez-vous dire, mon oncle?

— Ce matin, j'ai fait mon testament.

— Ah! dit René avec une indifférence qui dissimulait mal une violente émotion.

— Par ce testament, je te transporte tous mes biens et tous mes droits seigneuriaux, à la condition, bien entendu, que tu épouseras Marthe.

— Ah! mon oncle.

— Ensuite, continua le baron, j'ai écrit ce matin aussi à mon vieil ami l'évêque d'Avranches, pour le consulter.

— Sur quoi, mon oncle?

— Je veux savoir si, vu mon âge et mon état alarmant, je ne pourrais passer outre à notre deuil.

— Comment cela?

— Et te faire donner, à toi et à Marthe, sans bruit, sans esclandre, la bénédiction nuptiale par mon chapelain.

— Mais, mon oncle...

— Quitte à faire une noce dont je veux qu'il soit parlé dans la province, au bout d'un an, si Dieu me prête vie. Allons! pas d'objections, monsieur mon neveu, et attendons la décision de l'évêque d'Avranches.

Marthe, assise en un coin de la grande salle, écoutait palpitante la conversation à mi-voix de son père et de René.

— Mon Dieu, reprit le vieux seigneur, trop de malheurs déjà se sont abattus sur Ploërnec; il est temps de conjurer le sort...

— Il est certain, murmura René, qu'il s'est passé de bien tristes et bien étranges événements... et ce jeune garçon, le frère de lait de ma cousine, qui a disparu.

— Merlinet? soupira M. de Ploërnec.
— Oui. Qu'est-il donc devenu?
— Mystère, dit Marthe avec tristesse. Merlinet était aventureux, il aura voulu conduire Mariaker et se sera noyé avec lui. Le brouillard était épais...
— Et le chaland qui n'a pas été trouvé? fit encore René.
— Tout cela est affreux, dit le baron. Quelque chose me dit que si je ne me hâte, de nouveaux malheurs fondront encore sur Ploërnec...

René s'en alla après avoir baisé Marthe au front.

Au lieu de traverser l'étang, le chevalier préférait venir à cheval et faire le tour.

Il enfourcha donc la cavale noire de feu le pauvre Mariaker et la lança au galop sur le chemin de Kerlandon.

Marthe était montée à sa chambre, et, penchée sur l'entablement de la croisée, elle écouta longtemps le galop de la cavale qui s'affaiblissait peu à peu et s'éteignit bientôt dans l'éloignement.

Alors la jeune fille ferma sa croisée, et, mettant la main sur son cœur :

— Mon Dieu! dit-elle, la mort de Mariaker empoisonne tout mon bonheur... Ah! René... René... si tu savais comme je t'aime!

Un léger bruit se fit derrière elle, et Marthe se retourna.

Soudain elle étouffa un cri de surprise et presque d'épouvante.

Un homme venait d'entrer dans la chambre de Marthe par cette petite porte qui donnait sur l'escalier de la tourelle.

Cet homme, c'était Merlinet...

Merlinet que les masques rouges croyaient avoir noyé, Merlinet qui avait passé pour mort à Ploërnec...

L'enfant avait mis un doigt sur ses lèvres, et de l'autre main il recommandait à Marthe de ne faire aucun bruit.

La pantomime de Merlinet fut si expressive que Marthe se tut et demeura immobile.

L'enfant ferma la porte au verrou et dit alors tout bas :

— C'est bien moi, je ne suis pas mort... je n'ai jamais eu envie de mourir... mais si vous voulez savoir ce que je suis devenu depuis dix jours, n'appelez pas... tout le monde doit me croire trépassé, et écoutez-moi...

— Mais enfin, dit Marthe, revenant peu à peu de sa surprise et de son effroi, d'où viens-tu?

L'enfant remit un doigt sur ses lèvres.

— Je viens de passer huit jours à la piste des assassins.

Marthe tressaillit.

— Des assassins de M. Mariaker, continua Merlinet d'une voix triste, car ne croyez point, la demoiselle, qu'il se soit tué lui-même. On l'a tué.

— Mais qui?... demanda Marthe en proie à une émotion intraduisible.

— Les masques rouges, répondit Merlinet. J'étais avec lui... Je l'ai vu tomber à l'eau la tête fracassée d'un coup de pistolet... Ils ont voulu me tuer, moi aussi, et ils sont bien persuadés que j'habite l'autre monde... mais j'ai la vie dure, moi ; regardez plutôt, la demoiselle...

Merlinet ôta alors son chapeau, et Marthe atterrée put

voir une large plaie encore rouge qui lui fendait le dessus de la tête et une partie du front.

Merlinet remit un doigt sur ses lèvres :

— Je ne sais pas encore, dit-il, tout ce que je veux savoir, et je vais vous demander un serment, la demoiselle.

— Parle...

— Jurez-moi que vous ne révélerez à personne, pas même à monseigneur, pas même au chevalier René de Ploërnec, votre nouveau fiancé, que vous m'avez vu.

— Je te le jure ! répondit Marthe.

Merlinet attira la jeune fille auprès du feu et s'assit à côté d'elle.

— A présent, dit-il, écoutez bien : la maison de Ploërnec a un ennemi terrible, implacable, qui a juré sa ruine à son profit, c'est lui qui a fait assassiner Mariaker, c'est lui qui...

Merlinet s'arrêta et parut hésiter.

— Qu'a-t-il fait encore? demanda Marthe d'une voix tremblante.

— Vous souvenez-vous d'Yvonne? fit Merlinet.

— Ma sœur ! exclama la jeune fille, ma pauvre sœur qui s'est noyée dans l'étang?

— Et si elle ne s'était pas noyée?

— Oh ! fit Marthe... Comment donc est-elle morte?

Merlinet répondit gravement :

— Cet homme, cet ennemi inconnu qui poursuit de sa haine les Ploërnec, l'a séduite ; il l'a emmenée à Paris, et puis...

Merlinet s'interrompit encore, car il avait vu Marthe pâlir et trembler au mot de séduction.

— Écoutez, la demoiselle, dit-il, il faut avoir du courage; il faut vous souvenir que vous avez le sang des Ploërnec dans les veines...

— Achève, dit Marthe, je serai forte.

— Et puis, reprit Merlinet, une nuit, cet homme, ce monstre, ivre de vin, altéré de sang, l'a poignardée et a jeté son corps à la Seine.

— Horreur! murmura Marthe éperdue.

Merlinet se leva :

— Je n'ai pas le pouvoir de vous en dire davantage, la demoiselle, fit-il, mais venez avec moi et vous saurez tout...

— Où veux-tu donc me conduire?

— En un lieu où vous verrez un gentilhomme qui complétera mon récit... venez!

Merlinet parlait avec un tel accent d'autorité que mademoiselle de Ploërnec se sentit dominée. Elle se leva, et Merlinet lui jeta un manteau sur les épaules.

— Mais enfin, lui dit-elle, si Mariaker ne s'est point tué lui-même, du moins est-il mort en me maudissant?

— Il est mort en vous aimant.

— Mais... ma lettre.

— La voilà, dit l'enfant en tirant cette lettre de sa poche, je n'avais pas eu le temps de la lui remettre.

Certes, si Marthe avait dû un seul instant douter des paroles de Merlinet, cette lettre ne le lui aurait plus permis.

Il était donc bien vrai que Mariaker était mort assassiné!

— Venez, répéta Merlinet en ouvrant sans bruit la porte de la chambre de Marthe, et couvrez-vous bien... la nuit est froide...

Marthe et son frère de lait descendirent sans bruit

l'escalier de la tourelle et, quelques minutes après, il.
sortaient du manoir par la porte de l'écurie.

— Mais où me conduis-tu donc? répéta Marthe un pe
inquiète.

— Au bord de l'étang, répondit Merlinet, à la place
même où on a trouvé, il y a douze ans, les habits de l
demoiselle Yvonne, son chapeau de paille et son fich
rouge.

. . . .

Maintenant, avant de suivre Marthe et son conduc-
teur Merlinet, disons comment celui-ci avait miracu-
leusement échappé à la mort, et ce qu'il était devenu
depuis dix jours.

XIV

Le coup d'aviron que Merlinet reçut sur la tête fut si violent, que l'enfant, comme nous l'avons dit déjà, disparut, laissant la surface de l'eau teinte de son sang.

Cependant Merlinet n'était point mort, et, un moment étourdi, il reprit bien vite connaissance et remonta bientôt à la surface...

La barque venait de virer de bord...

Merlinet, soutenu par l'instinct de la conservation, quoique ses forces fussent épuisées, eut cependant assez d'énergie pour franchir, en nageant, la faible distance qui le séparait du bord au moment où il avait été frappé. Il arriva jusqu'à une touffe d'ajoncs à laquelle il se cramponna, et tout aussitôt il prit pied.

Alors, chancelant, aveuglé par le sang qui coulait de son front, l'enfant se traîna sur le rivage et retomba évanoui.

Combien dura cet évanouissement? Merlinet ne le sut pas au juste.

Ce fut l'air froid de la nuit et la neige qui tombait en abondance qui le ranimèrent.

L'enfant rouvrit les yeux, promena autour de lui un regard étonné, et secoua l'un après l'autre ses membres engourdis.

Une violente douleur qu'il éprouvait à la tête, et sa main qu'il ramena tout humide de sang, lui rendirent la mémoire.

Merlinet se souvint...

Une clarté indécise, blafarde, l'aube d'un jour d'hiver, commençait à l'horizon.

Merlinet songea aux masques rouges et se fit cette réflexion :

— Voici le jour. Si je reste ici dix minutes de plus, peut-être me surprendront-ils...

L'enfant se leva, malgré sa faiblesse, fit quelques pas en chancelant, et s'adressa cette question :

— Où aller ?

Pour tout autre que pour Merlinet, il eût été tout simple de retourner à Ploërnec et d'y annoncer l'assassinat de Mariaker.

Mais l'enfant était aussi prudent, aussi intelligent que brave.

— L'un de ces hommes qui étaient dans la barque, se dit-il, est le faux mendiant qui m'a remis le billet pour la demoiselle. Je l'ai reconnu à sa voix et je l'ai entendu qui disait :

— Il faut bien faire quelque chose pour le père Gervais.

Donc le père Gervais est le complice des masques rouges, et si je retournais à Ploërnec, ce serait, un jour ou l'autre, pour retomber dans leurs mains...

Cette réflexion pleine de logique ranima les forces de Merlinet.

Après avoir hésité un moment encore sur la direction qu'il prendrait, l'enfant s'éloigna du bord de l'étang et gravit un petit sentier qui grimpait au flanc de la colline sur laquelle était perché le Kerlandon. Merlinet suivit ce sentier durant un quart d'heure environ et arriva à une sorte de grotte creusée dans les rochers, entourée de broussailles, et qu'on appelait dans le pays le *trou à l'ours*.

Un ours, disait la légende, avait longtemps habité cette tanière.

— Ils ne me trouveront pas ici, se dit Merlinet, et d'ici je pourrai voir bien des choses...

L'enfant se coucha sur le sol, qui était jonché de feuilles mortes, et se reprit à songer.

Merlinet était doué de cette faculté intellectuelle qu'on nomme la logique. Il remontait du fait à la cause. Pourquoi a-t-on tué M. Mariaker? se demanda-t-il.

Et son esprit clairvoyant lui répondit :

— On a tué Mariaker, parce qu'il était le seigneur de Kerlandon et fiancé de la demoiselle. Ceux qui l'ont tué sont les complices de cet homme que j'ai vu dans la hutte du bûcheron au val Fourchu et qui s'est dit le frère de M. Mariaker. Donc cet homme est un assassin, et il ne peut pas épouser la demoiselle... Mais comment l'empêcher?

Merlinet se posa cette dernière question avec effroi.

— Qu'était-il, lui? un pauvre gars, un vassal dont le témoignage contre un gentilhomme ne serait pas écouté.

La demoiselle, reprit-il, aime le chevalier René. Elle

ne me croira pas. D'ailleurs, je n'ai pas de preuves, je ne sais pas même s'il était dans la barque.

Monseigneur le baron ne me croira pas davantage, parce que le chevalier est un Ploërnec, et que son orgueil de race se refusera à penser qu'un Ploërnec puisse être un assassin.

La conclusion qu'on tirera de tout cela, c'est que M. Mariaker s'étant tué devant moi, j'en ai été si vivement impressionné que j'ai perdu la tête.

Et puis, et puis, répéta Merlinet, avec désespoir, je n'ai pas de preuves...

M. Mariaker a été tué par les masques rouges?...

Lorsqu'il se fut bien nettement posé les difficultés de sa position, Merlinet prit une résolution :

— Il faut, se dit-il, que tout le monde, à Ploërnec, me croie mort, et, avant les gens de Ploërnec, les masques rouges.

Quand je serai bien mort pour tout le monde, j'agirai... et peut-être que je mettrai la main sur de bonnes preuves qui me permettront de m'en aller tout droit à Avranches voir le lieutenant de la province et lui déclarer que le chevalier de Ploërnec a fait assassiner son frère Mariaker.

Merlinet demeura blotti dans sa grotte jusqu'au lever du soleil.

Il put voir, de ce poste d'observation, le garde Simonneau passer à cheval et s'en aller à Saint-Landry.

Un peu plus tard, il vit retirer de l'eau le cadavre de Mariaker, et il entendit les pleurs et les gémissements des serviteurs de Kerlandon.

Plus tard encore deux valets de feu Mariaker passèrent sur le chemin.

L'un d'eux disait :

— Ce pauvre M. le chevalier, est-il désolé, hein ?

L'autre répondit :

— J'ai cru qu'il allait trépasser lorsqu'il a vu le corps de notre défunt seigneur; il s'est agenouillé dessus et il pleurait comme un enfant.

— Entends-tu, Merlinet? se dit l'enfant en écoutant ces paroles. Va donc à Ploërnec maintenant dire que le chevalier est un assassin ! Tu seras bien reçu...

Merlinet se demanda alors en quel lieu il pourrait se cacher, à qui il pourrait se confier sans danger.

Tandis qu'il songeait ainsi, des pas se firent entendre aux abords de la grotte.

L'enfant eut un battement de cœur ; il crut que les masques rouges le cherchaient.

Mais il fut bientôt rassuré. Caché derrière une broussaille, il vit un berger qui poussait devant lui son troupeau, et il reconnut Jacquet le pastour.

L'innocent, comme on l'appelait au Kerlandon, cheminait lentement, et bien qu'il fût seul, il parlait tout haut, et ses paroles, qu'il déclamait, avaient un cachet de poésie sauvage :

— Ce n'est point l'amour, disait-il, qui a poussé le seigneur Mariaker, le gentilhomme aux blonds cheveux et aux mains de femme, à chercher dans la mort un refuge contre le désespoir... Non, l'homme aux cheveux d'or, le blond Mariaker, le doux seigneur de Kerlandon était un fervent chrétien, héroïque à la souffrance, et il savait que Dieu vient en aide aux affligés... Le seigneur Mariaker ne s'est point tué, on l'a tué...

A ces paroles, Merlinet tressaillit et écouta plus attentivement encore.

Jacquet le pastour continua :

— A l'heure où les morts sortent de leur tombe, à l'heure où les belles de nuit errent au bord des étangs, un brouillard blanc couvrait la mare aux Fantômes...

Jacquet le pastour, celui qu'on appelle l'innocent au Kerlandon, parce qu'il sait plus de choses, à lui tout seul, que les grossiers vassaux réunis; Jacquet le pastour ne dormait pas.

Il veillait en haut du Kerlandon, se promenant sur les toits, et il prêtait l'oreille aux bruits mystérieux qui montent dans la nuit...

On parlait sur la mare aux Fantômes, dans le brouillard...

Une barque glissait sur l'eau, deux avirons frappaient l'eau sans relâche...

Une voix s'éleva qui demandait du secours... une autre voix répondit... puis un silence... puis...

Jacquet s'interrompit brusquement ; il venait de voir s'agiter la broussaille qui masquait l'entrée de la grotte.

— Hé! Jacquet? lui dit tout bas Merlinet en passant la tête au dehors.

Le pastour s'arrêta, puis il reconnut Merlinet, et alors il fit un pas vers lui.

Merlinet mit un doigt sur ses lèvres.

— Viens ici, dit-il.

— Et puis, reprit Merlinet, qu'as-tu entendu?

— J'ai entendu un coup de pistolet, répondit Jacquet, qui cessa de déclamer, j'ai vu un éclair traverser le brouillard, j'ai entendu un cri...

— Après? après? fit l'enfant.

— Après, j'ai encore entendu le bruit des avirons et

des voix confuses sur l'étang... puis encore un cri... et plus rien !

— Eh bien, Jacquet, mon ami, dit Merlinet, le premier cri, c'était M. Mariaker qui l'a poussé... on l'a assassiné.

— Oh ! je le savais bien.

— Le second, c'était moi ; on m'a assommé d'un coup d'aviron... regarde !

Jacquet n'avait point pris garde tout d'abord à la tête ensanglantée de Merlinet.

— Maintenant, reprit l'enfant, il faut songer à venger M. Mariaker, il faut découvrir ses assassins.

La manie de déclamation reprit le pastour.

— Le coupable ! murmura-t-il d'une voix sourde et cadencée d'une façon bizarre ; le coupable n'est pas toujours celui qui prend la fuite et se dérobe aux yeux de tous, comme Caïn, le fratricide, qui alla se cacher dans les bois. Souvent le meurtrier demeure auprès du cadavre de sa victime, et il verse des larmes que la foule croit amères...

Merlinet saisit le bras du pastour :

— Maintenant, tais-toi, dit-il, je vois que tu sais tout...

Le pastour inclina la tête.

— Je suis un pauvre gars comme toi, Jacquet ; mais, à deux peut-être, nous pourrons confondre le meurtrier, si haut placé qu'il soit.

— David était un enfant, déclama encore le pastour, et il n'avait pour toute arme qu'une fronde, mais il tua le géant Goliath.

Il se fit alors un pacte mystérieux entre le berger et Merlinet.

Jacquet tira de sa besace un pain, un morceau de fromage de chèvre et une gourde de genièvre.

Merlinet but et mangea, puis il demeura dans la grotte, et le pastour s'en alla.

La journée s'écoula, puis vint la nuit; puis le brouillard monta du fond de l'étang et enveloppa Ploërnec d'abord et ensuite le Kerlandon.

Merlinet avait fini par s'endormir.

Il fut tiré de son sommeil par une main qui le toucha doucement.

Une voix lui disait à l'oreille :

— C'est moi, Jacquet le pastour.

Merlinet se leva :

— Viens, répéta Jacquet; la nuit est sombre et tout dort au Kerlandon, hormis la Marianne qui veille auprès du corps de M. Mariaker.

Merlinet sortit de la grotte et s'appuya, car il était faible encore, sur le bras du pastour.

Celui-ci le conduisit à travers les rochers jusqu'à la haie vive qui clôturait, au nord, le parc du Kerlandon.

On avait fait une brèche dans la haie. Ce fut par cette brèche qu'ils entrèrent tous deux.

Ils passèrent silencieux comme des ombres devant la grande porte qui était fermée et gagnèrent ce petit escalier par lequel le chevalier René de Ploërnec devait, quelques jours plus tard, descendre dans le parc.

Le pastour habitait une mansarde dans les combles du château.

Ce fut là qu'il conduisit Merlinet.

Lorsqu'il eut soigneusement refermé la porte, Jacquet battit le briquet et alluma une chandelle.

Alors il montra le sol à Merlinet.

Le sol de la mansarde était fait de larges planches de chêne, grossièrement rapportées.

Le pâtre s'agenouilla, introduisit la pointe de son couteau dans une rainure de ce parquet primitif, tâtonna un moment, puis appuya avec force.

Un ressort caché joua alors et l'une des planches se souleva.

Merlinet vit apparaître les premières marches d'u petit escalier.

— C'est moi qui ai découvert cela, dit le pastour avec un sourire de triomphe.

— Où cela conduit-il?

— Viens, tu verras.

L'escalier avait dix marches.

Au bout de ces dix marches, Merlinet se trouva dans une sorte de réduit large de six pieds carrés.

— C'est là, dit le pastour, que le sire de Ploërnec, q avait insulté le Parlement et qui avait été condamné à mort, voilà cent ans environ, s'est caché pendant plusieurs semaines.

— Et personne, dis-tu, ne connaît cette retraite? demanda Merlinet.

— Il n'y a que la Marianne.

— Ah!

— Mais la Marianne est pour nous.

Le pâtre s'agenouilla de nouveau et palpa de la main le sol de la cachette, comme il avait sondé celui de la mansarde avec la pointe de son couteau.

— Souffle la chandelle, dit-il.

Merlinet obéit.

Soudain, au milieu de l'obscurité, il vit briller un rayon lumineux qui sortait du parquet.

Et, comme le pastour, il s'agenouilla.

— Regarde, fit le pastour.

Le parquet était percé d'un trou rond qui était ordinairement bouché par une cheville que Jacquet venait d'arracher, après que Merlinet eut soufflé la chandelle.

L'enfant colla son œil à ce trou et regarda.

Il vit alors au-dessous de lui une des chambres seigneuriales du manoir.

Au milieu se trouvait une table qui supportait un flambeau à deux branches.

Devant cette table, un homme était assis et écrivait.

Merlinet reconnut le chevalier René de Kerlandon-Ploërnec.

— Eh bien ! fit le pastour, es-tu content?

— Oui, certes, répondit Merlinet, et maintenant nous allons voir si les larmes du chevalier étaient sincères.

. . . .

A partir de ce moment, Merlinet demeura caché dans le Kerlandon.

XV

Merlinet passa cinq jours entiers dans sa cachette, épiant René, et l'épiant sans succès.

Le chevalier sortait chaque jour, ne recevait personne au Kerlandon, et ne s'abandonnait jamais, quand il était rentré dans sa chambre, à un monologue imprudent.

Merlinet avait beau faire, il ne pouvait saisir un fil, un indice qui le mît sur la trace des relations du chevalier avec les masques rouges.

Le cinquième jour qui suivit les funérailles de Mariaker, le pastour se glissa dans la cachette de Merlinet, et lui dit :

— Je crois qu'il y a du nouveau.

— Ah! fit l'enfant.

— Un paysan, un homme du pays mortain, vient d'arriver au Kerlandon, il a remis une lettre au chevalier, puis il s'en est allé.

— As-tu vu le chevalier lire cette lettre ?

— Oui.

— Et il n'a fait aucune réponse ?

— Il s'est contenté de dire au paysan : « C'est bien. »

Merlinet eut une espérance.

— C'est, pensa-t-il, un des masques rouges qui lui écrit. S'il ne détruit pas cette lettre, je l'aurai !...

Quelques minutes après, le chevalier monta dans sa chambre.

Merlinet le vit, sa lettre à la main, se promener à grands pas et remuer les lèvres. Le chevalier parlait tout seul, mais si bas qu'aucune de ses paroles ne parvint à l'oreille de Merlinet.

L'enfant lui vit remettre la missive dans son enveloppe et enfermer le tout dans un petit meuble où se trouvaient d'autres papiers ayant appartenu à Mariaker.

Puis le chevalier oublia, ou du moins il ne prit nul souci de retirer la clef et la laissa dans la serrure.

Lorsque le chevalier fut parti, Merlinet appela le pastour et lui indiqua où était la lettre.

Jacquet descendit, pénétra sans être vu dans la chambre du chevalier, et s'empara de cette pièce sur laquelle Merlinet fondait déjà bien des espérances.

La lettre était courte et ainsi conçue :

« Monsieur le chevalier,

« J'espère que tu n'oublies pas ceux qui t'aiment et te l'ont bien prouvé. Attends-toi à ma visite au premier jour. Tous ceux qui m'entourent te serrent la main. »

Ces lignes n'étaient pas signées.

— Tout cela ne prouve rien, ou peu de choses du moins, murmura Merlinet découragé.

Et il attendit encore.

Mais le soir le pastour lui vint donner l'alarme.

— Que se passe-t-il donc? demanda Merlinet en le voyant tout effaré.

— Il y a, dit le pâtre, que le vieux Ploërnec parle de donner sa fille au chevalier.

— Le vieux Ploërnec en a parlé? murmura Merlinet tout ému.

— Oui.

— Qui donc te l'a dit?

— Mais il n'est bruit que de cela parmi les gens du Kerlandon.

— Oh! cela ne sera pas! dit Merlinet d'une voix sourde.

— On prétend même que le chevalier va dîner ce soir à Ploërnec, à la seule fin de fixer le jour du mariage.

— Eh bien! dit Merlinet en regardant le pastour, nous allons tenir conseil, nous.

— Parle...

— Toi qui es savant et qui as lu dans les livres, n'est-ce pas que tu as vu dans les Écritures ce précepte que *celui qui a frappé de l'épée périra par l'épée ?*

— Oui, c'est la loi de Dieu.

— Crois-tu que ce soit le chevalier qui a fait assassiner M. Mariaker?

— Je le jurerais sur l'Évangile.

— Moi aussi.

Merlinet posa la main sur l'épaule du pastour :

— Alors, dit-il, si tu étais juge, tu le condamnerais?

— Oui.

— Eh bien! prononce ta sentence.

— Que veux-tu dire?

— Je veux dire que ce soir même je tuerai le chevalier de Ploërnec-Kerlandon.

Le pastour laissa échapper un geste d'effroi.

— Tu oserais? dit-il.

— Oui, mais il faut que tu me procures un fusil, et que tu me fasses sortir d'ici.

Le pâtre inclina la tête.

Un bruit se fit alors au-dessous de la cachette. Merlinet se pencha et vit le chevalier dans sa chambre.

Le pastour avait regagné sa mansarde.

Le chevalier venait faire une galante toilette de deuil, pour s'en aller dîner à Ploërnec.

Il s'habilla sans mot dire.

Cependant, lorsque sa toilette fut terminée et qu'il eut ceint son épée, Merlinet le vit se mirer dans une glace et il l'entendit murmurer à mi-voix :

— Onze seigneuries sont un bel héritage! Je demanderai au roi le titre de marquis!...

— Tu n'auras pas le temps de recevoir tes lettres-patentes! pensa Merlinet.

Le chevalier sortit, et, quelques minutes après, le gars entendit retentir dans la cour du Kerlandon le pas de la cavale qui emportait son nouveau maître à Ploërnec.

Merlinet attendit encore deux heures dans sa cachette.

Au bout de ce temps le pastour revint.

— J'ai caché dans la vieille tour, dit-il à Merlinet, une gourde de genièvre. Le genièvre réchauffe le cœur et donne du courage.

— Et le fusil?

— Il est auprès de la gourde.

— Est-il bien chargé?

— J'ai marié deux balles dans chaque canon.

— C'est bien, allons.

— Tous les gens du Kerlandon sont au coin du feu, ajouta le pastour, aucun ne nous verra sortir. Nous allons traverser le parc.

La nuit était noire et le brouillard couvrait le lac.

Merlinet et Jacquet le pastour, une fois hors du château, se dirigèrent vers la vieille tour.

— Voici la gourde et voilà le fusil, dit le pâtre.

Merlinet prit un morceau de papier, le mouilla avec ses lèvres et le colla sur le point de mire de son fusil.

Puis il avala deux gorgées de genièvre :

— Maintenant, dit-il, tu peux t'en aller.

— Comment! fit le pâtre, tu ne m'emmènes pas avec toi?

— Non, c'est inutile.

Le pâtre retourna au château. Il avait déjà pris l'habitude d'obéir à Merlinet.

Celui-ci se glissa hors du parc, à travers la brèche pratiquée dans la haie vive ; puis, lorsqu'il eut atteint les rochers qui dominaient le chemin qui descendait du Kerlandon au bord de l'étang, il s'arrêta et s'orienta.

René reviendrait de Ploërnec comme il y était allé, c'est-à-dire à cheval, par le chemin qui contournait la mare aux Fantômes, au nord-est.

— Si je l'attends ici, pensa Merlinet, on pourra par la suite accuser les gens du château. Il vaut mieux mettre sa mort sur le compte de ses amis les masques rouges.

Et Merlinet, son fusil sur l'épaule, prit le chemin de Ploërnec.

Il fit environ une demi-lieue et ne s'arrêta que lorsqu'il eut atteint une sorte de masure ruinée qui avait dû faire partie dans les temps féodaux des fortifications avancées du Kerlandon.

La masure, qui représentait un reste de tour carrée, était située à vingt pas du chemin qu'elle dominait.

Merlinet grimpa sur le rocher qui lui servait de base.

En cet endroit, le brouillard était moins épais que sous les murs du Kerlandon.

Merlinet épaula plusieurs fois et se donna comme une répétition de ce qu'il allait faire.

Puis il entra dans la masure et s'assit sur une pierre, derrière un pan de mur, son fusil à côté de lui.

La ruine était, comme toutes les ruines, encombrée de broussailles et de plantes parasites.

Persuadé qu'elle ne renfermait aucun hôte, Merlinet ne songea pas même à en faire le tour.

Il attendit environ une heure, l'œil et l'oreille au guet.

Enfin un bruit lointain arriva jusqu'à lui.

C'était le galop d'un cheval retentissant dans l'espace.

Merlinet se mit à genoux sur la pierre qui lui avait servi de siége et il arma son fusil.

Puis, moins prudent que le chevalier de Ploërnec qui, même dans sa chambre, ne se livrait jamais à aucun monologue, l'enfant murmura à mi-voix :

— Foi de Merlinet ! et aussi vrai que le chevalier de Ploërnec a tué son frère Mariaker, je crois que je vais usurper aujourd'hui les fonctions du bon Dieu. Dans cinq minutes, M. le chevalier recevra une balle en bonne place.

Mais à ces mots prononcés par Merlinet, un bruit se fit dans la ruine, les broussailles s'agitèrent, et Merlinet, qui s'était retourné brusquement, vit une forme humaine se mouvoir et venir à lui.

En même temps, l'enfant, stupéfait, entendit une voix douce et grave à la fois qui lui dit :

— Nul n'a le droit de se substituer à la Providence pour châtier les coupables... Pas même toi, Merlinet.

L'enfant bondit sur ses pieds :

— Qui êtes-vous, dit-il, vous qui me connaissez ?

La forme humaine fit encore un pas et lui posa une main sur l'épaule.

— Je suis une des victimes du chevalier René de Ploërnec, répondit-elle.

— Oh ! dit Merlinet, c'est étrange ! Il me semble que j'ai entendu cette voix... dans mon enfance.

Le galop du cheval devenait plus distinct. Dans quelques minutes René de Ploërnec allait être à la portée de la balle de l'enfant.

— Eh bien ! dit-il, si vous êtes la victime du chevalier, vous dont je connais la voix, vous allez être vengé !

Et Merlinet murmurait toujours :

— Oh ! cette voix... je l'ai entendue...

Le personnage qu'il avait devant lui paraissait être un jeune homme de taille moyenne.

Il portait de larges braies de drap, la veste et le chapeau rond des Bretons.

— Tu ne le tueras point ce soir, Merlinet.

— Et pourquoi donc?

— Parce que, dit froidement l'inconnu, je ne le veux pas.

— Ah! mon Dieu! mon Dieu! s'écria Merlinet, je sais maintenant... Vous avez la même voix que la demoiselle de Ploërnec qui s'est noyée.

— C'est moi!

A ce mot, Merlinet recula, saisi d'une terreur vertigineuse.

— Et ne crains rien, dit l'inconnu, car Yvonne de Ploërnec n'est pas morte, et ce n'est point un trépassé qui te parle.

— Seigneur Dieu! la demoiselle! murmura Merlinet qui tomba à genoux, est-ce bien possible?

— C'est moi, Merlinet.

L'enfant baisa la main que lui tendait Yvonne de Ploërnec, car c'était bien elle sous des habits d'homme; et puis tout à coup il bondit de nouveau sur ses pieds et voulut ressaisir son fusil.

On entendait distinctement le galop de la cavale, et le chevalier approchait.

Yvonne s'empara du fusil.

— Je ne veux pas que tu le tues, dit-elle.

— Mais vous ne savez donc pas...

— Je sais qu'il a tué Mariaker, je sais qu'il veut épouser Marthe.

— Vous voyez donc bien qu'il faut le tuer?

— Pas encore!

Ces deux mots paralysèrent Merlinet.

Il baissa la tête et murmura :

— Qu'il soit donc fait comme vous le voulez!

— Tais-toi! dit tout bas Yvonne.

Elle s'appuya sur le pan du mur qui donnait sur le chemin et se prit à écouter le galop précipité du cheval.

— Ah! René... René, murmura-t-elle, quand j'ai su que tu avais quitté Paris, j'ai deviné que tu venais commettre quelque nouveau crime. Je suis arrivée trop tard pour sauver Mariaker, mais je t'arracherai ta dernière victime... Marthe ne t'appartiendra jamais.

René arrivait sous les murs de la ruine; il passa comme une flèche, et Yvonne eut à peine le temps de voir la silhouette noire du cheval et du cavalier.

Alors Yvonne se retourna vers Merlinet et lui dit :

— Écoute-moi bien, enfant... Pour tous, excepté pour toi, Yvonne de Ploërnec est morte... Jamais je ne rentrerai à Ploërnec... Jamais je ne reprendrai mon nom...

— Mais, la demoiselle...

— Écoute encore. Je suis venue pour sauver ma sœur, et il faudra que tu m'aides en cette besogne...

— C'était fini, si tout à l'heure vous m'aviez laissé faire.

— Il faut attendre. Jure-moi que tu n'attenteras point à la vie du chevalier d'ici cinq jours?

— Et dans cinq jours?

— Si dans cinq jours il n'a pas renoncé à Marthe, s'il n'a point quitté Ploërnec et le Kerlandon pour jamais...

— Eh bien?

— Ce n'est pas toi qui le tueras...

— Et qui donc?

— Moi, répondit Yvonne avec un accent de résolution qui impressionna vivement le jeune Merlinet.

. . . .

A partir de ce moment, il y eut contre René du Kerlandon-Ploërnec une ligue de trois personnes : Jacquet le pastour, Merlinet et Yvonne de Ploërnec, la maîtresse trahie, abandonnée, et qui n'avait échappé à la mort que par un miracle...

XVI

Maintenant qu'on devine d'où provenaient cette lueur étrange qui brillait parfois la nuit à travers les murs lézardés de la vieille tour, les sons de cette cloche invisible qui avait si fort épouvanté le chevalier René, rejoignons ce personnage au moment où il quittait Ploërnec pour retourner au Kerlandon, le lendemain de cette nuit féconde en terreur où le fantôme d'Yvonne lui était apparu sanglant et pâle dans la ruine.

Le chevalier était singulièrement préoccupé.

— Yvonne était pourtant bien morte, se disait-il en revenant au galop, lorsque je l'ai portée dans mes bras et l'ai jetée dans la Seine. Et pourtant, ce n'est point à moi, le chevalier de Ploërnec, qu'il faut raconter que les revenants existent.

A une lieue de Ploërnec, le chevalier vit un point noir, immobile au milieu de la route.

C'était Kerlandaz qui l'attendait...

René de Ploërnec descendit de cheval, passa la bride à son bras et se mit à marcher à côté de son ami.

— Sais-tu, lui dit-il, que, depuis hier, je suis tenté de croire aux fantômes?

Kerlandaz haussa les épaules.

Alors René lui raconta l'histoire de la cloche et l'apparition d'Yvonne dans la ruine.

— Écoute-moi bien, dit-il enfin. Les morts ne reviennent pas.

— Je le sais... mais... pourtant...

— De deux choses l'une, ou la vraie Yvonne que tu as poignardée et jetée à l'eau n'est pas morte...

— Mais c'est impossible !

— Ou une femme qui lui ressemble s'est trouvée sous la main de tes mystificateurs.

— C'est impossible encore, c'est bien Yvonne que j'ai vue.

— Alors Yvonne n'est pas morte...

— Mon poignard a pourtant pénétré jusqu'au manche...

— Ma foi, mon cher, trouve alors une troisième solution au problème.

Les deux masques rouges firent quelques pas sans échanger un mot.

Enfin Kerlandaz reprit :

— Mon bon ami, nous allons, si tu le veux bien, admettre qu'Yvonne n'est pas morte.

— Soit, dit le chevalier.

— S'il en est ainsi, tous mes plans sont renversés par avance.

— Que veux-tu dire ?

— Yvonne apparaîtra en temps et heure pour t'empêcher d'épouser Marthe et pour t'accuser du meurtre de Mariaker.

— Je le sais...

— Donc, il faut qu'Yvonne meure.

Le chevalier tressaillit.

— Et cela plus tôt que plus tard, ajouta froidement Kerlandaz.

— Mais... comment...

— Est-ce que les masques rouges ne sont pas là? murmura Kerlandaz d'un ton ironique.

— C'est vrai. Mais...

— Voici ce que tu vas faire. Tu vas rentrer au Kerlandon, et si les domestiques parlent encore de la cloche et de la lumière nocturne, ce qui ne peut manquer d'arriver...

— Eh bien?...

— Tu les traiteras de niais et tu leur diras : Je veux passer la nuit, tout seul, dans la vieille tour.

— Bon, après?

— Tu défendras qu'on te suive et qu'on approche de la ruine, et tu t'y rendras bien armé. J'y serai. Nous verrons bien si les revenants ont raison de Kerlandaz.

En parlant ainsi, le chevalier et son complice arrivèrent en vue de Kerlandon.

— A tout à l'heure, dit Kerlandaz; remonte à cheval et file!

Le masque rouge quitta le chemin et se déroba bientôt derrière les broussailles et les chênes qui couvraient le flanc de la colline.

René mit sa jument au galop, et, dix minutes après, il arrivait au Kerlandon.

Ainsi que l'avait prévu son complice, les domestiques

du château s'entretenaient des événements de la nuit.

Jacques le pastour disait :

— J'ai bien entendu la cloche, moi.

— Et moi aussi, répétait Simonneau.

— Vous voyez bien que M. Mariaker a été assassiné! s'écriait Marianne. Il n'y a plus de cloche dans la tour, et pour qu'on en entende le bruit, il faut une permission de Dieu...

— Eh bien! dit sur le seuil la voix du chevalier de Ploërnec, si mon malheureux frère a été assassiné, sa mort ne demeurera point impunie.

Les serviteurs se retournèrent frissonnants et baissèrent les yeux.

Seule, la Marianne soutint le regard du maître.

— Je n'ai pas dormi la nuit dernière, continua René, et cependant je n'ai entendu en fait de cloche que celle de la paroisse de Saint-Landry. Mais cette nuit j'aurai le cœur net de toutes vos superstitions. Je coucherai dans la tour...

Les serviteurs se regardèrent avec effroi.

— Et nous verrons bien si Dieu envoie une cloche pour nous empêcher de dormir.

Sur ces mots impies, le chevalier sortit.

Il passa deux pistolets à sa ceinture, s'assura que son épée jouait dans sa gaîne, mit un fusil à double coup sur son épaule et gagna la ruine.

Un homme était debout sur le seuil. C'était Kerlandaz.

— Je me suis muni d'une torche, dit René à Kerlandaz.

— C'est bien. Mais gardons-nous de l'allumer, chevalier.

— Pourquoi?

— D'abord, ce n'est point ici que nous allons nous placer.

— Où donc?

— Là-bas dans ce massif d'arbres. Nous verrons de là sans être vus...

— Tu as raison.

Les deux masques rouges se blottirent dans une touffe d'ébéniers assez épaisse pour les dérober, même en plein jour, au regard le plus investigateur.

— A présent, dit Kerlandaz, vienne le fantôme!

Ils attendirent une heure, puis deux; minuit sonna.

— C'est pourtant l'heure des revenants! ricana Kerlandaz.

La tour demeurait plongée dans l'obscurité. Aucun bruit n'arrivait aux oreilles du chevalier.

— Quelle heure était-il donc, hier, quand tu as entendu la cloche? demanda Kerlandaz.

— Environ deux heures du matin.

— Eh bien! attendons encore...

Ils attendirent encore : deux heures, puis trois heures du matin arrivèrent... la tour était toujours muette et plongée dans l'obscurité.

Enfin une bande blanchâtre irisa le ciel à l'orient et fit pâlir les étoiles.

— Allons! murmura Kerlandaz découragé, nous avons passé une nuit blanche inutilement. C'est égal, je ne m'en irai pas sans avoir fait l'inspection de la tour...

Le chevalier et son complice quittèrent la touffe d'ébéniers et se dirigèrent vers la tour, comme le jour naissait.

Kerlandaz s'arrêta au milieu de la ruine et promena son regard investigateur autour de lui.

Il sonda le sol en frappant du pied.

Le sol rendit un son mat. Il n'y avait pas de souterrain.

Alors il fit le tour des murs, frappant avec son poing sur chaque pierre.

Tout à coup, dans un coin, derrière un amas de broussailles, il aperçut une excavation pratiquée dans l'épaisseur du mur.

— Oh! oh! dit-il, je crois que je tiens le nid aux fantômes. Allume ta torche, chevalier, le trou est noir.

Ploërnec obéit et s'approcha.

Le trou découvert par Kerlandaz était haut de trois pieds et large de deux, un homme y pouvait passer en se baissant.

Où conduisait-il?

Kerlandaz était aussi brave que scélérat; il prit la torche des mains de Ploërnec, et, le pistolet au poing, il s'aventura dans cette ouverture mystérieuse.

C'était une sorte de boyau pratiqué dans l'épaisseur des murailles qui aboutissait, après quelques pas, à un escalier.

Cet escalier montait dans les combles de la tour.

— Suis-moi, chevalier, cria Kerlandaz.

Puis il murmura, toujours railleur :

— Il est incroyable, mon bon ami, que tu ne sois pas plus au courant des mystères de ton manoir.

Ploërnec le suivait.

L'escalier était noir, étroit, et tournait sur lui-même.

Il aboutissait à une petite cellule large de trois pieds carrés.

Kerlandaz jeta un cri :

— Viens donc, chevalier, dit-il, les fantômes sont partis, mais ils ont laissé leurs nippes.

Et Kerlandaz s'effaça pour laisser entrer le chevalier de Ploërnec.

La cellule, qui, au moyen âge, avait dû servir de cachette, renfermait une cloche d'un pied de hauteur, un drap blanc maculé de taches rouges, par terre; une vessie pleine d'un liquide que Kerlandaz reconnut pour être du sang de bœuf.

C'était la toilette du fantôme.

Enfin, dans un coin, le chevalier ramassa une torche de résine bleue, une résine particulière qui ne se trouve que dans certaines forêts du haut Poitou, et dont la flamme a les tons livides d'une flamme de punch.

Kerlandaz et Ploërnec se regardèrent.

— Tu vois, dit le premier, qu'il faut peu de chose pour frapper l'imagination humaine. Avoue que tu as cru au fantôme d'Yvonne?

— Je l'avoue.

— Eh bien! Yvonne n'est pas morte... tu n'en saurais douter maintenant.

— Hélas! soupira le chevalier.

— Mais sois tranquille, ajouta Kerlandaz, elle a reculé pour mieux sauter.

Il eut un de ces terribles sourires qui faisaient tressaillir le chevalier lui-même.

— Va-t'en me chercher un quartier de venaison, du pain et une bouteille de vieux vin, chevalier, continua Kerlandaz.

— Tu veux donc rester ici?

Kerlandaz tira son poignard et en essaya la pointe sur son doigt.

— J'attends Yvonne, dit-il, et sois tranquille... je serai moins maladroit que toi...

Ploërnec redescendit, laissant son complice enveloppé dans le suaire du prétendu fantôme.

Puis il remonta l'allée de tilleuls qui conduisait au Kerlandon.

Le vieux Yaume l'attendait sur le seuil.

— Eh bien! imbécile! lui dit le chevalier, as-tu entendu la cloche, cette nuit?

— Non, monsieur le chevalier. Tous ces gens-là sont des niais .. Je savais bien que M. Mariaker...

Le vieux Yaume fut interrompu par le bruit d'un cheval qui entrait au galop dans la cour du Kerlandon.

C'était un valet de Ploërnec qui apportait une lettre au chevalier, et le message devait être important et pressé, si on en jugeait par les flancs ruisselants de sueur de son cheval.

— Oh! oh! pensa le chevalier, est-ce que l'évêque d'Avranches serait pour moi?

Et il oublia un moment Kerlandaz, qui, le poignard à la main, attendait toujours Yvonne.

XVII

Revenons maintenant à Merlinet, que nous avons laissé, la veille au soir, conduisant la demoiselle de Ploërnec au bord de l'étang, à l'endroit où on avait trouvé jadis le fichu rouge et le chapeau de paille d'Yvonne.

Marthe vit se dresser devant elle un personnage vêtu en gentilhomme et portant l'épée au côté.

Ce personnage la salua avec courtoisie et lui dit :

— Pardonnez-moi, mademoiselle, de vous avoir ainsi exposée au froid de la nuit.

Cette voix jeune et fraîche, empreinte d'une grande douceur, fit tressaillir la jeune fille.

— Qui donc êtes-vous, monsieur? demanda-t-elle d'une voix émue.

— Celui qui vient vous parler de l'ennemi de Ploërnec, le séducteur et le meurtrier d'Yvonne, l'assassin de votre fiancé Mariaker !...

Marthe, en proie à une émotion intraduisible, cherchait à pénétrer l'obscurité pour voir les traits de l'inconnu.

Celui-ci lui prit la main.

— Asseyez-vous auprès de moi, mademoiselle, dit-il, et laissez-moi vous parler d'Yvonne d'abord.

La voix de l'inconnu exerçait sur la jeune fille une fascination étrange.

Elle lui obéit.

— Parlez, dit-elle toute tremblante.

Le jeune gentilhomme reprit, en s'asseyant auprès de Marthe :

— Vous aviez huit ans, Yvonne en avait dix neuf. Comme vous aujourd'hui, elle montait à cheval et courait les bois.

Un soir, elle rencontra un gentilhomme qui revenait de la chasse et lui demanda son chemin.

Il était jeune, il était beau, il avait le langage persuasif. Il fit sur la naïve jeune fille une grande impression.

Le lendemain, Yvonne retrouva le beau chasseur sur son chemin. Ils causèrent encore.

Puis, les jours suivants, même rencontre, et un soir le gentilhomme tomba aux genoux de votre sœur et lui avoua qu'il l'aimait.

Yvonne l'aimait aussi.

— Mon beau chevalier, lui dit-elle, je suis en âge d'être mariée. Allez demander ma main à mon père. Il me consultera et je lui dirai que je vous aime.

— Mais, poursuivit l'inconnu, le gentilhomme alors avoua avec effroi qu'il y avait entre sa famille et celle d'Yvonne une vieille haine qui rendrait leur union bien difficile, sinon impossible.

Yvonne lui dit :

— Je consulterai mon père.

Et, en effet, le soir elle avoua au sire de Ploërnec qu'elle aimait le gentilhomme.

Le sire de Ploërnec s'indigna ; il dit que jamais il ne consentirait à une semblable union, et Yvonne désespéra de jamais le fléchir.

— Mais, ajouta l'inconnu, cet homme avait un pouvoir étrange, son langage séduisait, son regard fascinait...

Yvonne perdit la tête... elle consentit à le suivre, et c'est pour cela que le lendemain de sa fuite on trouva son fichu rouge au bord de l'étang.

Pendant dix années, elle suivit cet homme, s'associant à sa vie de hasard, à ses douleurs, à sa ruine. Pendant dix années elle souffrit mille tortures sans jamais se plaindre.

Au bout de dix années, un soir qu'il était ivre, un soir qu'il avait les mains souillées de sang, elle osa lui reprocher son infamie, et alors il lui plongea son poignard dans le sein et la jeta évanouie et sanglante dans la Seine...

— Oh ! pauvre sœur ! murmura Marthe.

— Eh bien ! reprit l'inconnu, non content d'avoir cru tuer Yvonne... car Yvonne n'est pas morte...

Marthe poussa un cri.

— Serait-il vrai, dit-elle avec un élan de joie, ma sœur vivrait-elle ?...

Alors l'inconnu, en proie à une émotion subite, prit la jeune fille dans ses bras.

— Mais tu ne m'as donc pas reconnue ? dit-elle.

Marthe jeta un nouveau cri, et les deux sœurs se

tinrent longtemps embrassées, en présence de Merlinet attendri.

— Ah ! bonne sœur ! ah ! ma chère Yvonne, murmurait Marthe, comme notre pauvre père va être heureux...

Ces mots produisirent sur Yvonne une commotion électrique.

Elle s'arracha des bras de sa sœur :

— Tais-toi ! dit-elle ; ne prononce pas le nom de notre père... notre père ne me reverra jamais !

— Oh ! fit la jeune fille.

Yvonne lui serra le bras avec force :

— Écoute, dit-elle. La fille aînée du baron de Ploërnec-Ploërnec s'est noyée dans l'étang. Son père l'a pleurée, ses serviteurs révèrent sa mémoire, et le chapelain de Ploërnec dit tous les ans une messe à son intention. Les choses doivent rester ainsi. Yvonne séduite, déshonorée ; Yvonne, qui a mené une existence précaire, misérable, aventureuse, sous des habits d'homme, n'a rien de commun avec la demoiselle de Ploërnec. L'une est morte honorée ; l'autre doit vivre inconnue...

Yvonne parlait avec une froide résolution.

Marthe comprit et baissa la tête.

Yvonne continua :

— Un danger nouveau menace Ploërnec... alors je suis accourue...

— Comment ! s'écria Marthe avec effroi, cet homme dont tu parles médite un nouveau crime ?

— Oui, et je suis venue pour l'empêcher.

— Mais quel est donc cet homme ?

— Écoute-moi bien, petite sœur, reprit Yvonne; qui

hésitait à briser le cœur de Marthe, écoute-moi. Si je puis, moi seule, conjurer le malheur qui menace Ploërnec, il est inutile que tu saches, au moins pour le moment, le nom de notre ennemi. Reviens ici demain, à la même heure.

— Et tu me le diras ?...

— Peut-être...

Yvonne jeta ses deux bras autour du cou de Marthe :

— Adieu, petite sœur, dit-elle, à demain.

— Venez, la demoiselle, dit alors Merlinet, on pourrait s'apercevoir de votre absence au château.

Les deux sœurs échangèrent un dernier baiser.

— Merlinet, je t'attends ici, dit Yvonne.

L'enfant fit un signe de tête et donna la main à Marthe pour l'aider à gravir le sentier ardu et rocailleux.

Un quart d'heure après, il était de retour auprès d'Yvonne.

— Ah ! la demoiselle, m'est avis que nous avons mal agi.

— Comment cela, Merlinet ?

— Il fallait dire à la demoiselle que le meurtrier de M. Mariaker, c'était le chevalier René... Au lieu de l'aimer encore, elle le mépriserait...

— Ou elle mourrait de douleur...

Merlinet tressaillit.

— Mais cependant, dit-il, un jour ou l'autre, il faudra bien qu'elle le sache...

— Non, si je puis déterminer le chevalier à partir.

Merlinet secoua la tête.

— N'ayez pas cet espoir, la demoiselle, dit-il. La nuit dernière, vous lui avez enjoint de partir au point du jour, et ce soir il a dîné au manoir de Ploërnec.

— C'est vrai, murmura Yvonne.

— Vous eussiez mieux fait de me le laisser tuer l'autre soir sur le chemin.

Yvonne soupira.

— Eh bien ! dit-elle, s'il ne part pas... nous verrons !

Merlinet alla détacher une barque cachée dans les ajoncs.

— Est-ce que vous retournerez cette nuit à la vieille tour, la demoiselle ? demanda-t-il encore.

— Non, mais demain.

Yvonne sauta dans la barque, et tous deux s'éloignèrent de Ploërnec, se doutant peu que le chevalier René et son ami Kerlandaz allaient passer la nuit dans la vieille tour pour y attendre l'apparition du fantôme.

XVIII

La lettre que le chevalier René de Ploërnec avait reçue le lendemain matin en quittant Kerlandaz, caché dans la ruine et attendant Yvonne, le poignard à la main, cette lettre, disons-nous, qu'un serviteur de Ploërnec avait apportée en toute hâte, n'était point du vieux seigneur.

C'était le chapelain du manoir qui écrivait :

« Monsieur le chevalier,

« Nous avons passé une nuit bien triste et bien douloureuse à Ploërnec. M. le baron, votre oncle, a été pris d'un mal subit vers minuit.

« Mademoiselle Marthe voulait vous envoyer chercher, mais il s'y est opposé.

« Un domestique à cheval a couru à Saint-Landry et en a ramené le barbier.

« Le barbier est venu, il a saigné M. le baron et a déclaré que c'était sa goutte qui lui était remontée dans l'estomac.

« — Combien ai-je encore de jours à vivre ? a demandé M. de Ploërnec.

« Le barbier s'est tu.

« — Combien d'heures ?

« — J'estime, a répondu le barbier, que Votre Seigneurie pourra aller encore jusqu'à demain midi.

« Le baron s'est résigné.

« Seulement, pendant tout le reste de la nuit, et bien qu'il souffrît beaucoup, il n'a cessé de demander si le courrier qu'il avait envoyé à Avranches était de retour.

« Ce dernier est arrivé un peu avant cinq heures.

« L'évêque d'Avranches, vu le cas extrême, autorise le mariage.

« Accourez donc, monsieur le chevalier, il ne faut pas perdre une minute. »

Le chevalier eut besoin de toute son énergie pour refouler au dedans de lui l'émotion et la joie qu'il éprouvait.

— Ah ! ma foi ! se dit-il, épousons d'abord, nous verrons après ce qu'il faut faire d'Yvonne.

Il demanda son cheval, fit une toilette de gala en quelques minutes ; puis, avant de se mettre en selle, il courut à la vieille tour :

— Tiens ! dit-il à Kerlandaz, lis...

Kerlandaz descendit dans la ruine, s'empara de la lettre du châtelain et en prit connaissance.

Sa figure assombrie s'éclaira.

— Cours donc, lui dit-il, ne perds pas une minute ;

quand Marthe sera ta femme, nous ne craindrons plus grand'chose d'Yvonne.

— C'est mon avis, ricana le chevalier.

Cinq minutes après, il courait ventre à terre sur la route de Ploërnec, se disant :

— Pourvu que le vieux bonhomme soit encore vivant !...

. . . .

Lorsque, couvert de poussière et son cheval ruisselant de sueur, le chevalier entra dans la cour du manoir, il respira bruyamment.

Les serviteurs de Ploërnec, rangés sur deux files, vêtus de leurs habits du dimanche, semblaient l'attendre.

Le barbier vint à lui et l'aida à descendre de cheval...

— Hâtez-vous, monsieur le chevalier, dit-il.

René avait pris une belle mine affligée.

— Où est mon oncle ? demanda-t-il, feignant l'émotion la plus vive.

— Dans la chapelle, répondit le barbier ; il a voulu se lever malgré sa faiblesse ; et je crains qu'il n'ait ainsi hâté ses derniers moments. On l'a transporté dans son grand fauteuil, à deux pas de l'autel. Venez...

René entra dans la chapelle.

Marthe, agenouillée auprès du vieux Ploërnec, pleurait à chaudes larmes.

Le chapelain était déjà à l'autel, prêt à commencer l'office divin.

Le chevalier entra et alla s'agenouiller de l'autre côté du fauteuil.

Le vieillard parut se ranimer ; il tendit la main et dit

— C'est bien, mon fils... Ploërnec ne s'éteindra pas...

Marthe et René, tenant chacun une main du vieillard, écoutèrent l'office divin.

Marthe priait pour Mariaker ; elle suppliait Dieu de prolonger les jours de son père.

René, au lieu de prier, écoutait le prêtre avec impatience et disait tout bas :

— Mais hâte-toi donc, chapelain de malheur ! les minutes valent des siècles en ce moment ; il y va pour moi de huit seigneuries et d'un titre de baron.

Le chapelain allait pourtant assez vite en besogne. La messe finie, il descendit de l'autel, tandis que les deux fiancés s'agenouillaient devant lui. Au moment où il allait prononcer les mots sacramentels : « Au nom du Dieu vivant, je vous unis, » on entendit un râle et un soupir.

C'était le vieux Ploërnec qui venait d'expirer, comme s'il n'eût attendu que les paroles du prêtre pour rendre son âme à Dieu.

Mais en ce moment aussi, la porte de la chapelle s'ouvrit avec fracas, et Merlinet, pâle, l'œil en feu, les cheveux en désordre, entra s'écriant :

— Ah ! nous arrivons à temps !

En même temps un autre personnage apparut qui s'avança lentement.

C'était un jeune gentilhomme vêtu de noir.

Il marcha d'abord droit au fauteuil dans lequel le vieux Ploërnec venait de s'endormir du dernier sommeil, s'agenouilla, porta la main du défunt à ses lèvres et murmura tout bas, si bas que nul ne l'entendit :

— Pardonnez-moi, mon père...

Et puis il se releva, calme, fier, superbe d'indignation et de courroux, et montrant la porte au chevalier, muet et pétrifié :

— Sors, dit-il, sors, misérable !

Marthe, éperdue, folle de douleur, regardait sans comprendre...

Le gentilhomme vêtu de noir étendit une fois encore la main vers René, et le désignant à la jeune fille :

— Voilà, dit-il, le meurtrier d'Yvonne, voilà celui qui a fait assassiner Mariaker !...

Mais Marthe ne répondit point tout d'abord, elle ne poussa pas un cri... Un moment elle demeura debout, l'œil morne, le corps frémissant, regardant tour à tour le cadavre de son père, René, qui semblait frappé de la foudre, et le gentilhomme vêtu de noir, dont l'œil étincelait de courroux... Puis tout à coup des larmes silencieuses jaillirent de ses yeux, et elle se jeta au cou de l'inconnu, qu'elle venait de reconnaître enfin !

— Tu pleures, murmura Yvonne ; tu pleures... mais tu es sauvée !...

FIN

TABLE

Le Trompette de la Bérésina 1
La Mare aux Fantômes. 117

CATALOGUE

DE LA

LIBRAIRIE

ACHILLE FAURE

23, Boulevard Saint-Martin, 23

A PARIS

OCTOBRE 1865

CATALOGUE

DES

LIVRES DE LUXE

IMPRIMÉS PAR Louis PERRIN, DE LYON

DÉPOT

A LA LIBRAIRIE ACHILLE FAURE

ALLUT. Études sur Symphorien Champier. 1 beau vol. in-8, fig., cart.................................... 21 fr.
— Vie du Père Menestrier. 1 gros vol. in-8, br.(épuisé). 30 fr.
— Les Tard-Venus, les Routiers au XVe siècle et la bataille de Brignais. 1 vol. in-8, br. (épuisé)....... 15 fr.
— Aloysia Sygea et Nicolas Chorier. In-8, br..... 10 fr.
— L'Accueil de Mme de la Guiche à Lyon, le 27 avril 1598. 1 vol. in-8, br............................ 10 fr.
AILLY (baron d'). Recherches sur la monnaie romaine, depuis son origine jusqu'à la mort d'Auguste. In-4, 49 planches, magnifique volume............................ 50 fr.
(Le tome Ier a paru; l'ouvrage aura 3 volumes.)
BOISSIEU (A. de). Inscriptions antiques de la ville de Lyon. 1 gros vol. grand in-4, fig. et planches, br...... 70 fr.
— Ainay, son autel, son amphithéâtre et ses martyrs. 1 vol. in-8, fig., planches, cart.................................. 10 fr.

BERNARD. **Le Temple d'Auguste et la nationalité gauloise.** 1 vol. très-grand in-4, 14 planches, cart.......... 25 fr.

(Cet ouvrage, tout en étant un travail spécial, forme en quelque sorte un supplément à l'ouvrage des inscriptions de M. A. de Boissieu.)

Cartulare Monasterii beat. Petri et Pauli de Domina, Clun. Ord., Lugd., 1859. In-8, gros vol., figures et cartes, broché... 30 fr.

CHABERT. **Les Visions d'Isaïe, fils d'Amos, en vers français.** Gr. vol. in-8, br.. 10 fr.

CIBRARIO. **Précis historique des ordres religieux et militaires** de Saint-Lazare et de Saint-Maurice.. 1 vol. in-8, fig. color., br... 10 fr.

Recueil des chevauchées de l'Asne. 1 vol. in-8, br. 10 fr.

DEBOMBOURG. **Atlas chronologique des États de l'Église.** In-folio, 21 cartes col., cart............................ 12 fr.

DELAROA. **Les Patenôtres d'un surnuméraire, ou Conseils d'un grand-oncle.** 1 vol. in-18, br..................... 3 fr.

Entrada de Carlos V en Paris el año 1540. In-8, br. (tiré à 50 exemplaires)..................................... 12 fr.

Simple bouquet (Poésies). In-12, br................... 4 fr.

GIRAUD. **Cartulaire de l'abbaye de Saint-Bernard de Roman.** 2 vol. in-8, br................................. 15 fr.

Inventaire des titres recueillis par Samuel Guichenon. 1 vol. in-8, br..................................... 12 fr.

GRAVILLON (Arthur de). **J'aime les morts.** 1 vol....... 6 fr.

GUIGNOL (**Théâtre de**). 1 vol in-8, cont. 12 pièces avec des eaux-fortes en tête de chaque acte.......................... 10 fr.

Idem, sur papier de Hollande, gravures en bistre......... 25 fr.

JOLY. **Benoët du Lac, ou le Théâtre et la Bazoche à Aix à la fin du XVIe siècle.** 1 vol. in-8, br...................... 10 fr.

LAFORGE. **Les arts et les artistes en Espagne.** 1 vol. in-8, broché.. 15 fr.

— **La peinture et les peintres** dans les duchés italiens. 1 vol. in-8, br. (pas mis dans le commerce)..................... 15 fr.

— **La Vierge**, type de l'art chrétien. 1 gr. vol. in-4, 5 fig. sur bois, cart... 25 fr.

LIMAS (de). **Six mois en Orient** (description de voyage). 1 vol. in-8, avec planches, br................................. 20 fr.

LOUIZE LABÉ. **Œuvres.** In-8, br............................ 12 fr.

Le Lutrin, avec des eaux-fortes par F. Hillemacher. 1 vol. in-4, cart.. 12 fr.

MAURICE SÈVE. **Delie, object de plus haute vertue.** (Réimpression de l'ancienne édition.) In-12, br., beaucoup de vignettes sur bois...................................... 25 fr.

Souvenirs poétiques, par de M.... In-8, br........... 8 fr.

MINORET (Eugène). **L'Oraison dominicale.** 1 vol. in-32. 4 fr.

MOLIÈRE. **Théâtre,** 6 vol. in-8, avec des gravures à l'eau-forte par F. Hillemacher en tête de chaque acte, papier teinté, broché. Prix de chaque volume......................... 20 fr.

(Les tomes I et II sont en vente.)
Il reste en magasin un seul exemplaire sur grand papier de Hollande, au prix de 45 fr. le volume, et deux exemplaires sur grand papier teinté, au prix de 35 fr. le volume.

ROSTAND (Eugène). **Ébauches** (poésies). Un très-joli volume imprimé en rouge et en noir............................... 4 fr.

Rymes de gentille et vertueuse Dame Pernette du Guillet. 1 vol. in-12, papier de Hollande (tiré à 200 exemplaires)... 7 fr.

SOULARY (Joséphin). **Poëmes et sonnets.** 1 beau vol., comprenant les *Figulines*................................ 20 fr.

Troupe (la) **de Voltaire.** In-8, br., avec 41 portraits à l'eau-forte par Hillemacher............................... 40 fr.

VILLIERS DE L'ISLE-ADAM. **Premières poésies.** 1 vol. in-8, br... 7 fr.

Vy VERNIER. **Les Filles de minuit** (poésies). 1 vol. in-8, br... 5 fr.

LIVRES
CLASSIQUES ÉLÉMENTAIRES
DE
BONHOURE
INSTITUTEUR

Méthode de lecture. 1 vol. cart............... 50 c.

Premières lectures courantes. 1 vol. cart..... 70 c.

Premières lectures instructives. 1 vol. cart... 90 c.

LIBRAIRIE ACHILLE FAURE

23, boulevard Saint-Martin

A PARIS.

NOUVELLE COLLECTION A 1 FR.

LES FRANCS-ROUTIERS, par Antony Réal.

LE COLONEL JEAN, par H. de Lacretelle.

LES PETITES CHATTES DE CES MESSIEURS, par Henry de Kock.

L'AMOUR BOSSU, par Henry de Kock.

JEANNE DE VALBELLE, par Casimir Blanc.

LES ORNIÈRES DE LA VIE, par Jules Claretie.

SÉDUCTION, par Raoul Ollivier.

UN MARIAGE ENTRE MILLE, par Victor Poupin.

LES FINESSES DE D'ARGENSON, par Adrien Paul.

NOS GENS DE LETTRES, par Alcide Dusolier.

LES CACHOTS DU PAPE, par Ch. Paya.

LA GUERRE DE POLOGNE, par Eug. d'Arnoult.

IMPRESSIONS D'UN JAPONAIS EN FRANCE, par Richard Cortambert.

FABLES NOUVELLES, par Ed. Granger.

LA TÉLÉGRAPHIE ÉLECTRIQUE, par Ph. Dauriac.

NICETTE, par Adrien Paul.

THÉRÈSA, par Adrien Paul.

LE ROMAN D'UN ZOUAVE, par E. Graude.

HISTOIRE DES PERSÉCUTIONS RELIGIEUSES EN ESPAGNE, par La Rigaudière.

LA FRANCE TRAVESTIE, ou la Géographie apprise en riant. Reproduction exacte et complète en vers burlesques, se gravant facilement dans la mémoire, des 92 départements de France et d'Algérie, et de leurs 385 préfectures et sous-préfectures.

―――

Pour recevoir *franco* un des volumes de la collection à 1 fr., il suffit d'envoyer à M. ACHILLE FAURE la somme de 1 fr. 20 cent. en timbres-poste.

TABLE ALPHABÉTIQUE
DU CATALOGUE

DE LA LIBRAIRIE ACHILLE FAURE, 23, BOULEVARD SAINT-MARTIN.

ANONYMES.

L'Empereur à l'Institut. Une brochure in-8...... 1 fr.
Dieu pour tous, ou La tolérance religieuse universelle. Une brochure in-8.................................. 1 fr.
Vive le luxe! Réponse à M. Dupin. Une brochure in-8. 1 fr.
Plan de Paris (magnifique plan Furne), mis au courant de tous les derniers changements.
    En feuilles............................ 2 fr. 50
    Cartonné.............................. 3 »
    Cartonné et collé sur toile........... 5 »
La France travestie, ou la Géographie apprise en riant. *Carte drôlatique et mnémonique*, reproduisant en vers burlesques la nomenclature exacte et complète des 92 départements de France et d'Algérie et de leurs 385 préfectures et sous-préfectures. 1 joli volume in-18 raisin, orné d'un frontispice illustré... 1 fr.
Mémoires d'une biche anglaise. 1 charm. vol. orné du portrait de l'héroïne des Mémoires, photographié par Pierre Petit. 3 fr.
Une autre biche anglaise. Suite du volume précédent. 3 fr.
Mémoires d'une fille honnête, avec le portrait de l'auteur gravé sur acier, par Staal. 1 vol...................... 3 fr.
Mystères de la cour de Londres. 1 vol............ 3 fr.
Voyage à la lune, d'après un manuscrit authentique projeté d'un des volcans lunaires. 1 vol., avec une gravure....... 3 fr.

ARNOULT (EUGÈNE D').

La Guerre de Pologne en 1863, précédée d'une préface par ALFRED MICHIELS. 1 vol. in-18 jésus............... 1 fr.

ASTRIÉ.

Les Cimetières de Paris, guide topographique et artistique. 1 volume orné de 3 plans............................ 2 fr.

BARBEY D'AUREVILLY.

Un Prêtre marié. 2 vol. in-18 jésus................ 6 fr.
Il a été tiré de ce livre quelques exemplaires papier de Hollande au prix de 18 fr.

Une Vieille maîtresse. 1 vol.............................. 3 fr.
L'Ensorcelée. (*Sous presse.*)
Histoire de la grandeur et de la décadence du Journal des Débats. (*Sous presse.*)

BERGERAT (Émile).

Une amie, comédie en 1 acte et en vers, représentée au Théâtre-Français... 1 fr.

BLANC (Casimir).

Jeanne de Valbelle, roman de mœurs intimes d'un grand intérêt. 1 volume in-18 jésus, orné de 2 gravures sur bois.. 1 fr.

BLANQUET (Rosalie).

La Cuisinière des ménages. 1 beau vol. cartonné... 3 fr.

BONHOURE.

Méthode de lecture. 1 vol. cart.................. 0 fr. 50 c.
Premières lectures courantes. 1 vol. cart.... 0 fr. 70 c.
Premières lectures instructives. 1 vol. cart.. 0 fr. 90 c.

BRÉHAT (de).

Un Mariage d'inclination. 1 vol..................... 3 fr.

BRIDE (Charles).

L'Amateur photographe, *Guide usuel de photographie*, à l'usage des gens du monde; manuel essentiellement pratique, orné de nombreuses vignettes explicatives, et suivi d'un abrégé de chimie photographique................................. 3 fr.

BUSSY (de).

Dictionnaire de l'art dramatique. 1 vol. .... 4 fr.

CHALIÈRE (Louis).

Ingenio. 1 vol. in-18...................................... 3 fr.

CHARLES (Victor).

La Béguine de Bruges. 1 vol. in-32................ 1 fr.

CHASLES (Philarète).

En préparation : Ouvrage nouveau sur les questions actuelles de littérature, politique, religion, etc. Nouvelle édition des œuvres complètes.

CIMINO.

Les Conjurés, roman trad. de l'italien par M. Chenot. 2 vol 6. fr.

CLARETIE (Jules).

Les Ornières de la vie. 1 volume in-18 jésus, orné de deux vignettes sur bois................................. 1 fr.
Un Assassin. (*Sous presse.*)

Voyages d'un Parisien. 1 vol.................................. 3 fr.

COMETTANT (Oscar).

En Vacances. 1 beau et fort volume in-18 jésus, orné de deux grandes vignettes sur bois................................. 3 fr.
L'Amérique telle qu'elle est, voyage anecdotique de Marcel Bonneau aux États-Unis et au Canada. 1 beau volume in-18 jésus, avec deux jolies vignettes sur bois.................. 3 fr.
Le Danemark tel qu'il est, ses mœurs, ses coutumes, ses institutions, ses musées, souvenirs de la guerre, etc. 1 vol. 4 fr.
Un petit rien tout neuf. 1 vol. in-18 jésus................. 3 fr.

CONTY (DE).

Paris en poche. Guide pratique dans Paris, illustré de nombreuses gravures. Un volume élégamment cartonné...... 4 fr.
Londres en poche. Guide pratique du voyageur à Londres. 1 volume élégamment cartonné............................ 4 fr.
Plan de Londres. Guide indicateur instantané...... 1 fr. 25
Les bords du Rhin en poche. Guide pratique et illustré. 1 volume élégamment cartonné............................ 5 fr.
Guides pratiques des voyages circulaires, rédigés sous les auspices des Compagnies.

    Belgique et Hollande...................... 2 fr. 50
    Belgique................................. 2 fr. 50
    Bords du Rhin........................... 2 fr. 50
    L'Oberland Bernois...................... 2 fr. 50
    La Suisse et le duché de Bade........... 2 fr. 50
    Bruxelles............................... 2 fr. »

CORTAMBERT (Richard).

Impressions d'un Japonais en France. 1 vol. in-18 jés. 1 fr.
Aventures d'un Artiste dans le Liban. 1 vol.... 3 fr.

CRAMPON.

La Bourse, guide du spéculateur. 1 vol................. 3 fr.

DAURIAC.

La Télégraphie électrique, son histoire, ses applications en France et à l'étranger, suivie d'un tableau des tarifs internationaux et d'un manuel pratique de l'expéditeur de dépêches. 1 vol. in-18 jésus... 1 fr.

DELVAU.

Françoise. 1 joli volume in-32 jésus, avec une eau-forte de Thérond... 1 fr. 50
Il a été tiré de ce livre 22 exemplaires numérotés, sur papiers de Chine et de Hollande.

Le Fumier d'Ennius. 1 v. in-18 jés., av. une eau-forte. 3 fr.

Il a été tiré de ce livre deux exemplaires sur papier de Hollande à 8 fr.

DESCODECA DE BOISSE.

Louis de France (Louis XVII), poëme épisodique suivi de documents historiques et justificatifs. 1 beau volume in-8°, imprimé à l'Imprimerie Impériale.................. 7 fr. 50

DESLYS (Charles).

Les bottes vernies de Cendrillon. 1 vol......... 3 fr.

DUSOLIER (Alcide).

Nos Gens de lettres, critiques et portraits littéraires. 1 vol. in-18 jésus............................... 1 fr.

EMMANUEL.

De la Madeleine à la Bastille, vaudeville en un acte.
.... 1 fr.

ÉNAULT (Étienne).

Scènes dramatiques du mariage. 1 vol. in-18 jésus. 3 fr.

EYMA (Xavier).

La mansarde de Rose. 1 vol..................... 3 fr.

FEUTRÉ (Angély).

Une Voix inconnue. 1 volume.................. 2 fr. 50

GAGNEUR.

La Croisade noire. 1 fort volume in-18 jésus...... 3 fr. 50

GONZALÈS (Emmanuel).

Les Sabotiers de la forêt Noire. 1 vol. in-18 jésus, orné de deux vignettes................................ 3 fr.
Les Sept baisers de Buckingham. 1 vol. in-18 jésus. 3 fr.

GOURDON DE GENOUILLAC.

Comment on tue les femmes. 1 vol. in-18 jésus.... 2 fr.

GRANGER (Ed.).

Fables nouvelles. 1 vol. in-18 jésus............. 1 fr.

GRAVILLON (Arthur de).

A propos de bottes. 1 vol. in-8, avec 85 vignettes et une eau-forte.. 3 fr.
J'aime les morts. 1 vol. imprimé par Perrin, de Lyon. 6 fr.

HALT (Robert).
Une cure du docteur Pontalais. 1 vol............ 3 fr.

HOCQUART.
Le Vétérinaire pratique, traitant des soins à donner aux chevaux, aux bœufs, aux moutons, aux chiens, et en général à tous les animaux de basse-cour; 6e édit., revue et augmentée. 3 fr.
La tenue des livres pratique. 1 fort volume in-12. 3 fr.

KOCK (Henry de).
Les Mémoires d'un cabotin. 1 vol., avec 3 grav.... 3 fr.
La Voleuse d'amour. 1 vol., avec 5 grav............ 3 fr.
Les Accapareuses. 1 vol., avec 2 grav............. 3 fr.
La Nouvelle Manon. 1 vol., avec une eau-forte...... 3 fr.
Guide de l'amoureux à Paris. 1 vol. avec une vign. 3 fr.
Le Roman d'une femme pâle. 1 vol., avec une eau-forte de F. Hillemacher.................................. 3 fr.
Les Petites Chattes de ces Messieurs. 1 vol. in-18 jésus, avec une gravure. Nouvelle édition.............. 1 fr.
L'Amour bossu. Nouvelle édition. (Sous presse.)...... 1 fr.

LAMARTINE.
Recueillements poétiques. 1 vol. in-8............ 1 fr. 50
—   —   1 vol. in-18 jésus....... 1 fr.

LARCHER.
Un dernier mot sur les femmes. 1 vol. in-32 jésus. 0 fr. 75

LEFEUVE.
Les anciennes Maisons de Paris sous Napoléon III, 60 livraisons réunies en quatre beaux vol. suivis d'une table de concordance.................................... 20 fr.
Tome Ve, formant le complément et la fin de l'ouvrage.... 5 fr.

LÉO (André).
Un Mariage scandaleux. 1 volume.................. 3 fr.
Une vieille Fille. 1 vol. in-18 jésus, avec une vignette. 2 fr.
Les deux Filles de M. Plichon. 1 vol............. 3 fr.
Jacques Galéron. 1 vol............................ 1 fr. 50
Observations d'une mère de famille à M. Duruy. Brochure in-8..................................... 1 fr.

LÉO LESPÈS (Timothée Trimm).
Avant de souffler sa bougie. 1 vol. in-18 jésus...... 3 fr.
Les Tentations d'Antoinette. 1 vol. (Sous presse.)

LESCURE (M. DE).

Les Amours de Henri IV. 1 beau et fort vol. in-18 jésus, orné de quatre beaux portraits historiques, dessinés par Boullay et Eug. Forest, d'après des originaux du temps............ 4 fr.

Il a été tiré de ce livre cent exemplaires de luxe numérotés. Il reste à vendre seulement quelques exemplaires sur vélin, à 8 fr.

Les Amours de François Ier. 1 vol. avec une eau-forte. 3 fr.

Il a été tiré de ce livre dix exemplaires numérotés (1 à 10) sur chine, à 20 fr.; dix (11 à 20) sur papier de Hollande, à 18 fr.; quarante (21 à 60) sur beau jésus vélin, à 6 fr.

Lord Byron. 1 vol. (*Sous presse*).

LOTHIAN (MARQUIS DE).

La Question américaine. 1 vol. in-8 .... 6 fr.

MALO (CH.).

Femmes et Fleurs, rose à douze feuilles, *petites photographies badines*. 1 très-joli volume in-32 jésus................ 1 fr. 50

MARANCOUR (DE).

Rien ne va plus. La Rouge et la Noire. 1 vol. in-18 jésus... 3 fr.
Confessions d'un commis-voyageur............... 3 fr.

MARCHEF GIRARD (Mlle).

Des Facultés humaines et de leur développement par l'éducation. 1 vol. in-8............................... 7 fr. 50

MARESCHAL.

Le Coffret de Bibliane. 1 volume des Nouvelles.... 1 fr. 50

MARGRY.

Belin d'Esnambuc et les Normands aux Antilles. 1 vol. in-8..................................... 2 fr. 50

MARX (ADRIEN).

Voyage autour du cœur. 1 vol. (*Sous presse.*)

MIE D'AGHONNE.

Le Mariage d'Annette. 1 vol....................... 3 fr.

MINORET (EUGÈNE).

L'Oraison dominicale. 1 vol. in-32 jésus, imprimé avec luxe par Perrin, de Lyon.................................. 4 fr.

MOLÉRI.

La Terre promise. 1 vol. (*Sous presse*)............ 3 fr.

MOLIÈRE.
Nouvelle édition imprimée par Perrin, de Lyon, avec une eau-forte en tête de chaque acte. 6 vol. à 20 fr. chaque.

MONSELET (Ch.).
De Montmartre à Séville. 1 vol.................. 3 fr.

MONTEMERLI (Comtesse Marie).
Entre deux Femmes. 1 vol. in-18 jésus............ 3 fr.

NADAUD.
Chansons; nouvelle édition contenant toutes les nouvelles chansons. 1 vol. in-18 jésus........................... 4 fr.

NOIRIT (Jules).
Haydée. 1 vol................................. 3 fr.

OLLIVIER (Raoul).
Séduction. 1 vol. in-18 jésus.................... 1 fr.

PAUL (Adrien).
Les Finesses de d'Argenson. 1 vol. in-18 jésus, orné de deux vignettes sur bois....................... 1 fr.
Nicette. 1 vol................................ 1 fr.
Thérèsa. 1 vol............................... 1 fr.

PAYA (Ch.).
Les Cachots du Pape, 2ᵉ édition. 1 vol. in-18 jésus.. 1 fr.

PIC (Ulysse).
Lettres gauloises. 1 vol. in-18 jésus.............. 3 fr.

POUCEL (Benjamin).
Les Otages de Durazno, souvenirs du Rio de la Plata. 1 vol. in-8................................... 6 fr.
Mes Itinéraires au Rio de la Plata. Une brochure in-8. 1 fr.

POUPIN (Victor).
Un Chevalier d'amour. 1 vol. in-18 jésus.......... 3 fr.
Un Mariage entre mille....................... 1 fr.

POURRAT.
Vercingétorix. Étude dramatique en prose et en vers. 1 vol. 3 fr.

PRUDHOMME SULLY.
Stances et poëmes. 1 volume de poésies............ 3 fr.

RATAZZI (Mme, née DE SOLMS).
Les Soirées d'Aix-les-Bains. 1 vol............... 3 fr.

RÉAL (ANTONY).
Les Francs-Routiers. 1 vol...................... 1 fr.

RÉNÉ ET LIERSEL.
Traité de la chasse et de la pêche. 1 vol. in-12... 2 fr.

ROUSSELON.
Le Jardinier pratique. 1 fort vol. in-18 jésus de 536 pages, avec 200 vignettes............................ 3 fr.

SÉGALAS (Mme ANAÏS).
Les Mystères de la maison. 1 vol. in-18 jésus...... 3 fr.

VALLÈS (JULES).
Les Réfractaires................................. 3 fr.

WAILLY (JULES DE).
La Vierge folle. 1 vol. in-18 jésus............... 3 fr.
La Voisine, comédie en un acte et en vers, représentée au Gymnase-Dramatique........................... 1 fr.

M. FAURE expédiera ses publications en compte à MM. les libraires qui lui en feront la demande, et prendra note, s'ils le désirent, de leur adresser ses nouveautés d'office, avec faculté de retour et d'échange.

Pour recevoir *franco* par la poste l'un des ouvrages indiqués sur le présent Catalogue, il suffit d'en envoyer le montant en une valeur sur Paris ou en timbres-poste, en ajoutant 20 centimes au prix des volumes à 1 fr.

à M. ACHILLE FAURE, Libraire, boulevard Saint-Martin, 23, à Paris.

Remises exceptionnelles et très-avantageuses pour tous les libraires.

EXTRAIT DU CATALOGUE

DE LA

LIBRAIRIE ACHILLE FAURE

OUVRAGES DE HENRY DE KOCK :

LA VOLEUSE D'AMOUR;
LES ACCAPAREUSES;
L'AMOUR BOSSU;
LES MÉMOIRES D'UN CABOTIN;
LES PETITES CHATTES DE CES MESSIEURS;
LA NOUVELLE MANON;
GUIDE DE L'AMOUREUX A PARIS·
LE ROMAN D'UNE FEMME PALE.

Je viens de lire le nouveau livre de Henry de Kock : *le Roman d'une femme pâle*, et, avant de donner mon opinion sur le livre, il me plaît de la donner sur l'écrivain.

Une vieille dette que je lui paye.

Depuis quelque temps Henry de Kock est trèsattaqué par certaine critique : la critique des petits journaux, — la critique aux petites dents et aux petites plumes, qui l'accuse, surtout, de chercher ses succès dans l'*immoralité*.

Eh bien ! j'en suis fâché pour ces Aristarques qui, d'ailleurs, ne se piquent point, généralement, d'urbanité dans le choix de leurs coups de boutoir *ad hominem*, — mais ils ne savent pas ce qu'ils disent.

Ou ils ne disent pas ce qu'ils savent. — A leur choix : ignorance ou hypocrisie.

Non, Henry de Kock n'est point immoral. Dans *la Voleuse d'amour*, les *13 Nuits de Jane*, *le Démon de l'alcôve*, *la Nouvelle Manon*, *les Petites chattes de ces Messieurs*, *les Accapareuses*, ceux de ses romans les plus mordus, — nous ne disons pas : déchirés ; ils résistent très-bien ; — par les quenottes en question, il peint un monde qu'il connaît, qu'il a étudié, observé, ausculté... — et ce monde n'est pas, sans doute, le monde où nous aurons jamais envie de voir *s'établir* nos filles... — ni même nos fils.

Mais parce qu'on parle de choses et de gens méprisables, est-il à dire qu'on mérite le blâme ? A ce compte, quels écrivains, — et je prendrai parmi les plus grands, — seraient à l'abri du reproche ? — Ah ! si, en nous montrant ces choses et ces gens, on affectait de nous les donner comme règles de conduite et comme modèles, à la bonne heure! Je m'inclinerais devant une noble indignation! Mais il n'en est pas ainsi, non, il n'en est pas ainsi. Ouvrez le premier venu de ces livres que j'ai cités, qu'y verrez-vous? Des tableaux amusants, intéressants; parfois dramatiques; toujours vrais. Puis, comme couronnement à tout cela, sans exception, suivant la loi juste, — la loi divine, — le bien dominant le mal, le laid cédant la place au beau, le vice s'effaçant, honteux, devant la vertu triomphante...

« Sapristi! » — style Desgenais, — du moment que, dans chacun de ses ouvrages, Henry de Kock, — à l'instar de tout bon mélodramaturge dans tout bon mélodrame, — vous montre, invariablement, au dénouement, *le vice puni et la vertu récompensée*, que pouvez-vous désirer de plus, messieurs les Frérons à deux sous la ligne? Êtes-vous donc plus royalistes que le roi? Mais les trois quarts et demi des romans de Henry de Kock sont estampillés. — Un de ces matins bénis que vous aurez trois francs en poche, assurez-vous, *de visu*, du *visa*, dans quelque gare de chemin de fer. — C'est qu'en dépit de vos criailleries, la commission du colportage ne veut pas voir dans ces livres ce que vous y voyez... ou plutôt ce que vous feignez d'y voir, hommes de trop de vertu! — Soyez sincères, là... — pour une fois, bah! — votre grief le plus grave contre Henry de Kock, c'est qu'il se lit, qu'il se vend...

Et que, lorsque, par impossible, vous parvenez à produire, vous, et à vous faire imprimer, tout au plus vos meilleurs amis! — vos parents! — vos créanciers! — ont-ils le courage d'enlever à votre œuvre cette virginité..... qui lui vient du brocheur.

Qui veut trop prouver ne prouve rien. On appelait jadis Paul de Kock : *le Romancier des cuisinières*, et Paul de Kock se contentait de répondre en souriant : « Il y a donc beaucoup de cuisinières? » Aujourd'hui, on appelle son fils : *le Romancier des femmes galantes;* et Henry de Kock répond à son tour en souriant également : « Il y a donc beaucoup de femmes galantes? »

D'ailleurs, tous ses romans ne sont pas du genre incriminé; — incriminé par les enragés de morale, les furieux de chasteté; — j'en pourrais nommer dix, — Henry de Kock a écrit plus de cent cinquante volumes, — je me bornerai à en désigner quatre où il n'y a pas ombre d'ombre de galanterie : *le Médecin des voleurs, les Mystères du village, les Mémoires d'un cabotin, l'Amour bossu.*

L'Amour bossu, — entre autres, — publié primitivement dans *le Constitutionnel*, est, à tous égards, une œuvre des plus remarquables : comme conception, comme originalité, comme style, comme esprit.

Le *Roman d'une femme pâle* a toutes les qualités de l'*Amour bossu*. Henry de Kock a voulu prouver une fois de plus qu'il savait dépeindre d'autres passions, d'autres sentiments que ceux du monde des courtisanes, et il a vaillamment atteint son but. Il y a dans ce livre telles pages écrites avec une énergie, tels détails dessinés avec une finesse qu'un maître ne désavouerait pas. C'est l'histoire d'une honnête femme que la jalousie entraîne jusqu'au crime... et qui en meurt. — Et après l'avoir lu, frappé que nous étions de sa terrible étrangeté, nous nous sommes demandé si, réellement, ce *roman* était bien un roman, ou si l'auteur, indiscret par amour de l'art, n'en avait pas puisé la donnée première à quelque source confidentielle... — et suprême.

Ne vous semble-t-il pas, comme à nous, qu'il y a des choses qu'on n'invente pas ?

Quoi qu'il en soit, le *Roman d'une femme pâle* sera bientôt dans toutes les mains, nous le lui prédisons.

Et... notre dette est payée. Que si, pour défendre un écrivain que nous aimons, nous avons ramassé quelques pierres à lui jetées par ceux qui ne l'aiment pas, nous autorisons très-volontiers ceux-là à adapter à leur profit ce proverbe arabe : *On ne jette de pierres qu'aux arbres à fruits.*

Fréd. Voisin.

On lit dans la *Presse* du 17 juillet 1865, sous la signature Georges Bell :

Le *Roman d'une femme pâle*, par Henry de Kock, in-18. — Histoire d'amour qui finit de la façon la plus tragique. Une statue s'anime et son cœur devient un volcan embrasé des passions les plus absolues. L'être aimé a le tort de s'oublier un jour, et de s'oublier sans la moindre excuse. Il y a un double crime au dénouement. Ce roman très-étudié, très-fouillé, est un des meilleurs que nous ayons lus depuis longtemps.

EN VENTE A LA MÊME LIBRAIRIE

NOUVELLE COLLECTION A 1 FRANC
LE VOLUME

LES FRANCS-ROUTIERS, par ANTONY RÉAL.
LE COLONEL JEAN, par H. DE LACRETELLE.
LES PETITES CHATTES DE CES MESSIEURS, par HENRY DE KOCK.
L'AMOUR BOSSU, par HENRY DE KOCK.
NICETTE, par ADRIEN PAUL.
UN MARIAGE ENTRE MILLE, par VICTOR POUPIN.
JEANNE DE VALBELLE, par CASIMIR BLANC.
LES ORNIÈRES DE LA VIE, par JULES CLARETIE.
SÉDUCTION, par RAOUL OLLIVIER.
NOS GENS DE LETTRES, par ALCIDE DUSOLIER.
LES CACHOTS DU PAPE, par CH. PAYA.
LA GUERRE DE POLOGNE, par EUG. D'ARNOULT.
IMPRESSIONS D'UN JAPONAIS EN FRANCE, par RICHARD CORTAMBERT.
FABLES NOUVELLES, par ED. GRANGER.
LES FINESSES DE D'ARGENSON, par ADRIEN PAUL.
LES BRIGANDS DE ROME, par EUG. D'ARNOULT.
LA TÉLÉGRAPHIE ÉLECTRIQUE, par PH. DAURIAC.
LA FRANCE TRAVESTIE, OU LA GÉOGRAPHIE APPRISE EN RIANT. Reproduction exacte et complète, en vers burlesques, des 89 départements de France et d'Algérie, et de leurs 385 Préfectures et Sous-Préfectures.

www.ingramcontent.com/pod-product-compliance
Lightning Source LLC
Chambersburg PA
CBHW060355170426
43199CB00013B/1878